Calling（コーリング） 試練は呼びかける

はじめに――試練は呼びかける

もし今、試練を抱えているとしたら

世界は一時としてとどまることなく変わり続けている――。それは誰もが知っている、この世界の法則です。そして、その変化は絶えずそこに生きる私たちに様々な壁や問題をもたらし続けています。

本書を手にされたあなたも、今、苦境を迎えていらっしゃるかもしれません。昨年来の金融危機と世界的不況の中で、会社経営の問題や仕事上の困難が訪れている方も少なくないでしょう。また、家庭に夫婦や親子関係の問題を抱えていて気持ちの晴れない日々を送り、親類・知人や近隣との人間関係の難しさの中で孤立感を深めているかもしれません。

あるいは、自ら自身が設定した高い目標や求める理想のために呻吟しているという方もいらっしゃるでしょう。

そうした問題や困難は、大きなものであればあるほど、様々な意味で私たちを脅かします。私たちの安心と幸福の土台を揺るがし、積み上げてきた実績や評価を反古にし、堅持してきた誇りを打ち砕いてしまう——。それらは、抗しがたい苦悩を私たちにもたらすに違いありません。

大切なもの、守りたいものが、今、損なわれ、奪われようとしている——。そのような事態を、私たちは「試練」と呼んできました。その厳しさや痛みから、「できれば試練は訪れてほしくない、自分の人生から遠ざけたい」と思うのが普通でしょう。その試練からとにかく逃れようとしてきたのが人間であると言っても過言ではないかもしれません。

しかし、もし今、あなたが抱えている問題や困難が、本当に試練と呼ぶべきものであるとしたら、一体、どう受けとめ、どう行動すべきなのでしょうか。

試練は大いなる存在からのメッセージ

試練という言葉には、不思議な響きがあります。その言葉を使うとき、それと意識することがなくても、私たちは自然に「今、自分は、試されているのだ」

という感覚を抱いているのです。それは、その状況を乗り越える道がきっとどこかにあることを感じている感覚であり、同時に、その事態には私たちが見出すべきもの、学ぶべき何かがあることを受けとめている感覚であると言えるのではないでしょうか。

試練は、ただ苦難や困難を与えるものではありません。それは、私たちの不足や未熟を呼びかけていると同時に、私たちが向かうべき新しいステージを示すものです。

私たちの前にある試練の現実は、振られたサイコロの一つの目のようなものです。いきさつや条件によって現れた目＝現実は決定的なものに思えます。しかし、その現実はサイコロの一つの面にすぎず、そこにはまだ開かれていない展開図が畳み込まれていて、多くの可能性が含まれているのです。

その可能性を教えてくれるのが、**「呼びかけ」――Calling**です。気づけなかった未来の種子、信じられなかった力、見えなかった道すじを開いてくれるものです。大切なことは、私たちにその呼びかけを送ってくる源、呼びかけの主体は誰かということです。

それは一切を知り、一切を見守り、一切を導いている宇宙の叡智の次元、大いなる存在の次元にほかなりません。すなわち、試練は神様から私たちに届けられたメッセージなのです。

「試練からの呼びかけ」を聴き、そのメッセージに応えて生きてゆくとき、私たちは、事態のマイナスをゼロに戻し、さらにプラスに導くことができる。いいえ、それだけではなく、試練を通じて、心の奥に刻まれている魂の願いを見出し、人生の仕事とも言うべき大きな目標を果たすことができるのです。そればかりか、その呼びかけの源である宇宙の叡智の次元、すべてを生かし支える大いなる存在の次元と一つになって共鳴して生きることさえできる――。それは、その人がもっともその人らしくなってゆく道であり、最高に輝くことができる生き方なのです。

「試練の時代」をどう生きるか――新しい貧病争の訪れ

今、私たちには、「試練の時代」と呼ぶにふさわしい時の流れが押し寄せているのではないでしょうか。

人間は、これまでに多くの問題や痛み、いわゆる「貧病争」を克服してきたはずでした。先進諸国はかってない物質的繁栄を手にし、その平均寿命は約八十歳、百年前に比べて約三十年も長くなり、二度の世界大戦以降、各地での紛争はあるものの世界的な戦争状態は回避されています。

しかし、現在の私たちを取り囲んでいる現実はどうでしょう。金融危機と世界的不況。世界を席巻した市場原理主義がもたらした一層の格差と貧困。それは、「新たな貧」と言えるでしょう。世界中に蔓延した新型インフルエンザと、さらに出現が予想されている強毒性の新型ウイルスの脅威。それは、「新たな病」と言うこともできます。さらには、世界中に拡散して人々の安全を脅かすテロの不安。新たに核保有をめざす国々の脅威。あるいは一つの国の中で民族抹殺という凄惨な事態さえ生み出す複雑化した民族問題の現実は、「新たな争」ではないでしょうか。

世界は、新しい貧病争を伴う「試練の時代」を迎えているのです。それだけではありません。地球環境に関わる温暖化の問題も、地球資源の枯渇の問題も、私たちに投げかけられた試練の一つでしょう。そして、これらの試練の特質は、世界同時不況も、経済的な格差の問題も、新型インフルエンザの問題も、世界各地で繰り返されるテロの問題も、いずれもが一国や一地域の問題ではなく、グローバルな危機、グローバルな試練として私たちに迫ってきているということなのです。

「新しい人間」「新しい意識」の出現を

人間の歴史を振り返るとき、時代の転換点には、しばしば疫病の流行や飢饉、大地震……等々、大きな試練が訪れていたことを確かめることができます。たとえば、わが国にとって、時代の大きな節目となった幕末から明治維新。その直前には、コレラの流行や飢饉、そして大地震が起こっています。また、西欧のゲルマン民族大移動やルネサンス、そしてフランス革命のときも、天変地異や疫病の流行などが見られます。それらの試練は、新しい時代をつくる「新しい人間」と「新しい意識」の誕生を呼びかけていたと言うことができないでしょうか。

そして今、私たちが前にしている「試練の時代」もまた、私たち人間に、時代衝動として、新しい人間、新しい意識の出現を促しているのではないでしょうか。

「試練からの呼びかけに応える生き方」は、私たち一人ひとりが抱える人生の試練を前提としたものです。人生の難所を転換し、一人ひとりの内なる光を引き出し、魂の願いを果たさせるものです。しかし、それはまた、私たち人間が今、直面しているグローバルな試練に対しても一貫して有効なものであり、その巨大な試練が呼びかけている、「新しい人間の意識」をもたらす生き方にほかならないのです。

私たちは、試練の呼びかけに耳を傾けることで、実はそれを届ける宇宙の次元とつながります。その次元は、時代に託されたヴィジョン（展望）を蓄え、見守る次元でもあるのです。

呼びかけを聴き、それに応える生き方が拠りどころとしているのは、私が**「魂の学」**と呼んでいる真理（神理）の体系です。「魂の学」とは、形のある、目に見える世界を対象にしてきた「現象の学」に対して、形のない、見えない世界も含めた全体を扱うものです。目に見えるものだけではなく、私たち人間の見えない心やその奥にある魂の次元を前提として、世界と人生の現実を受けとめ、それに関わって、新しい現実を生み出してゆく――。

それこそ、これからの時代をつくる世界観であり、新しい世界を切り開く人生観にほかなりません。その希望を、試練の中で不安や圧迫を感じているあなたに、ぜひ摑んでいただきたいと思うのです。その一助として、本書の内容をあなたの人生と少しでも確かに結んでいただくことを願って、各章に問いかけの言葉（の印）を掲載させていただきました。

一人ひとりの人生が、試練からの呼びかけに応える生き方によって輝き出すとき、私たちの世界には「新しい現実」の灯が、一つまた一つと点ってゆきます。一人でも多くの方が、本書が示すその生き方に共鳴され、新しい時代をつくる担い手となってくださることを心より祈っております。

二〇〇九年九月

高橋佳子

目次

11

1

まず心構えをつくる

「試練」を前にして、まず必要なのは心構えである。
生きるということは、「試練」を覚悟することにほかならない。
しかし、その「試練」は、どんなものでも意味なく生じることはない。
私たちに必要なのは、「今を必然として受けとめる」という姿勢である。

試練の顔をじっと見つめることから始めよう

どうにもならないような困難に直面したとき、言いようのない不安をもたらす問題を前にしたとき、私たちに何よりもまず必要なのは、その事態に平常心で向かい合うという一歩です。

事態からの圧迫が大きければ大きいほど、私たちの心の中には、様々な想いが渦巻くことになります。「ああなったら、こうなったら」と募る心配。「すぐに手を打たなければ」と焦る想い。「もう無理だ、どうしようもない」というあきらめ。「どうしてこんなことになったんだ」と誰かを責める想い……。

もし、あなたが試練を前にしてそうした想いに呑まれそうになったなら、まず、心を励まして、自分の目で事態を確かめることです。恐れずにその試練の顔をじっと見つめることから始めていただきたいのです。

重荷や圧迫をもたらす試練の顔は、できれば見たくないということもあるでしょう。しかし、訪れた試練は、避けられるものでも逃げられるものでもありません。むしろ、避けよう、逃げようとすればするほど、私たちはあるがままの事態を見失い、試練に立ち向かうための力を持てなくなります。

「今、この試練は、どのような表情をしているのだろうか。事実として起こっていることは何だろう。次にどのような事態を招く可能性があるのだろうか。これらの事実は、私に何を語りかけているのだろうか——」

そう問いかけながら、自分の内側に、この試練を受けとめることのできる力があることを信じて、心の眼を凝らして試練の顔を見つめること。それが、試練を迎えた私たちが整えるべき心構えの一歩にほかなりません。

何が起こっても不思議はない世界に生きている

今世紀になってから、私たちが遭遇した予期せぬ出来事——。世界を震撼させた9・11同時多発テロ。三十万人以上の命を奪ったスマトラ島沖地震による津波。百人を超える死者を出したＪＲ福知山線脱線事故。五千万件もの不明データが発覚したわが国の年金記録問題……。

そして、揺るぎなく見えた大銀行や大企業を破綻に追い込み、多くの人生の軌道を狂わせた、昨年来の金融危機と世界的不況の波。予想外のメキシコから発生し、人々の行動に様々な制約を与えている新型インフルエンザの世界的流行……。

これらの事実が改めて示したのは、私たちが生きている世界は何が起こっても不思議はない場所であり、その中で私たちは、様々な危機にさらされ続けているという事実ではないでしょうか。

私たちの身体は、生まれたときから、事故や怪我、病気など、数え切れない危険にさらされ続けています。安全の保障はどこにもなく、それだけで、誰にとっても「人生の一寸先は闇」と言っても過言ではありません。

そしてそれ以上に、多くの危機に見舞われるのが、人間の心です。自分自身を振り返っても、家族や周囲の人たちを思っても、心の傷や歪み、屈折や挫折を知らない人など皆無に等しいでしょう。守られるべき場としてあるはずの家庭の中で親の暴力にさらされたり、学校でいじめに遭ったり、疎外されたりすることもあります。どんなに愛情深い両親に育てられ、守られたとしても、一歩家庭の外に出るなら、孤立に悩み、不理解に苦しみ、競争に傷つくなど、様々な苦難があふれているのです。

「試練のない人生はない」と覚悟しよう

「忍土」という仏教の言葉が、まさにこの現実を示しています。「忍土」とは、文字通り、「心」の上に「刃」を載せているような場所、苦難を忍ばなければならない所という意味です。

この世――現象界にあるものは、どんなに堅固に見える建物でも、やがては壊れ、消えてゆきます。どんなに強く結ばれている人と人との絆も、終わりがあり、別れの時が来ます。「永遠の都」と呼ばれ、世界の中心だったローマの繁栄も永遠に続くことはなく、どんなに栄華を誇った都市や勢力でもやがて衰退する時を迎えるのです。いわば、**「崩壊の定」**とでも呼ぶべき掟が支配しているのがこの世です。

さらに、この現象界は、実に様々な関わりによって成り立っています。自分の思い通りに事は運びません。どんなに願っても叶わないことがあり、避けたいと思っていても避けられない事態が降りかかることもあります。いわば、**「不随の定」**とも呼ぶべき掟が私たちを縛っているのです。

私たちがぶつかる様々な困難や危機、人生に降りかかってくるように見える望まざる現実。私たちの人生は、そのような「試練」を避けることはできないということでしょう。

だからこそ、私たちにとって大切な出発点は、忍土に生きる以上、「試練のない人生はない」と覚悟することなのです。

覚悟があれば、問題が生じたとき、動転することなくその現実に全力で向かってゆくことができます。一方、覚悟を持たなければ、思いがけない事態に動揺し、問題をさらに増幅させてしまうことにもなるのです。覚悟があるかないかで未来は大きく変わってしまうということです。

必要なのは、今を必然として受けとめる生き方

「試練」に直面する私たちが、もし、良いか悪いかの尺度しか持たないなら、「試練」を恐れるか憎むかしかありません。

しかし、もし**「今起こっていることには意味がある」**という姿勢で向かうことができたなら、どうでしょう。私たちは、それとはまったく異なる生き方ができます。ただ恐れたり憎んだりするのではなく、「試練」から何かを学ぼうとすることができます。そして、学ぶだけではなく、新たな生き方を引き出すことができる——。実は、私たちはどこかで、そのことを知っているのではないでしょうか。

たとえば、子どもが不登校になる——。「子どものことは妻に任せているから」と無関心を決め込もうとしても、やはり心配で、気にかかる。また、職場で自分の部署の業績低迷が続く——。「それは不況のせい。上司のせい」と割り切ろうとしても、すっきりしないし、何もしないでいることは後ろめたい。それは、降りかかっている事態と自分とを切り離すことに、どこかで抵抗を覚えているからなのではないでしょうか。

「できれば、避けて通りたい。逃げたい」と思う自分がいる一方で、「この出来事には、きちんと向かい合わなければならない何かがある」と感じている私たちもいる――。言い換えるなら、人生に訪れている出来事と自分とのつながりをどこかで感じているということでしょう。

今もし、不況の中で、経済的な試練に直面しているなら、ぜひ、その現実に対して「今起こっていることには意味がある」という姿勢で臨んでいただきたいのです。どんな試練も、偶然降りかかってきたもののように見えてそうではなく、そこには必ず必然があり、まだ見えていない意味がある。それを正面から受けとめて応えるとき、あなたにとっての大切な、かけがえのない経験になってゆくということです。

一つ一つの点が、一本の糸につながる人生を信じて

アップル社の創始者の一人で現CEO（最高経営責任者）であるスティーブ・ジョブズ氏は、近年スタンフォード大学で行った講演の中で、今という時の不思議さ、人生の一つ一つの点を結びつけるつながりについて語っていま

す。

実の母親がジョブズ氏を身ごもったとき、彼女はまだ大学院生だったこともあり、養子に出すことを決心しました。そのとき、養父母に対して彼女が示した唯一の条件は「息子に大学教育を受けさせてほしい」ということでした。教育には縁遠かった養父母でしたが、彼らはその約束を忠実に守り、ジョブズ氏をオレゴン州のリード大学に入学させました。けれども、ジョブズ氏はキャンパス生活を半年も送ると、生きる目的を見失い、将来について考えざるを得なかったと言います。自分がこのまま大学生活を送ることは、両親が必死に働いて貯めた蓄えを食いつぶすことになる。果たしてそれでいいのだろうか。答えはノーでした。そして彼は、退学することを決意します。それは人生の軌道の大きな変更だったに違いありません。

ただ、ジョブズ氏は大学をやめたものの、友人たちの部屋を泊まり歩きながら、しばらくそこにとどまり、今度は、自分が純粋に興味を持てそうな講義を新鮮な気持ちで覗いてみることにしました。リード大学は全米の中でも、カリグラフィー（西洋の書道）で有名な大学でした。しばらくの間、彼は、成績や義務感から解放されて、カリグラフィーをはじめとして、関心のある講義を受けながら、大学での知的探求を楽しんだのです。

それは、何か狙いがあってそうしたわけではなく、そのときの自分の心の声に忠実に行動した結果だったと言います。

ところが後年、ジョブズ氏が仲間と一緒に会社を興し、新しいコンピュータ――マッキントッシュをつくる段になって、それらの授業を受けていたことが一つの決定的な性格を与えることになりました。マッキントッシュは、画面上に歪みのない、正確なプロポーション（比率）を持った美しい文字が示される初めてのコンピュータとなったのです。

ジョブズ氏はこう言っています。

――もし自分が大学をやめていなければ、そしてやめたにもかかわらず、しばらく大学にとどまってカリグラフィーの授業を受けていなければ、マッキントッシュのようなコンピュータは地上に現れていなかっただろう。……今はつながりが見えないことであっても、将来は結ぶことができるかもしれない。そのことを信じてほしい――。

この言葉は、「試練」について見つめようとしている私たちにも有意義なものです。一つ一つの出来事や出会いが人生とつながっているように、私たちが直面する様々な試練（問題）も、人生そのものと分かちがたくつながっているということなのです。

人生の必然をもたらす「魂」の次元

どんな現実、どんな「試練」であっても、私たちがそれを意味あるものとして、さらには必然として受けとめることができるとしたら、それはなぜでしょうか。

「魂の学」では、人間を「魂」の存在であると捉えます。その「魂」が「肉体」と出会うことによって「心」が生まれてくると考えます（図1－1）。その「心」が中心になって営まれるのが私たちの人生です。

「魂」という言葉は、日頃、なじみがない方もいらっしゃるでしょう。「魂」とは、「心」の深奥に存在する、肉眼では見ることができない私たち人間の根源的なエネルギーです。肉体が死を迎えても生き続けてゆく永遠の生命の本体

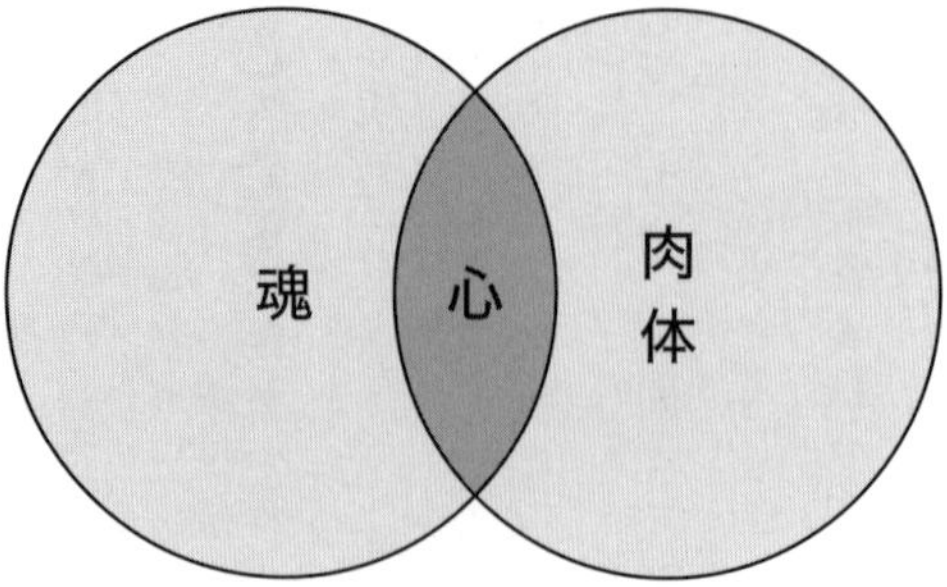

図1-1　「魂」と「肉体」が出会うことによって、「心」が生まれる

と言うことができます。

　私はそうした魂のことを**「智慧持つ意志のエネルギー」**と呼んできました。なぜなら、魂とは、人生を超える**願い（魂願）とカルマ（願いを阻む歪み）**を抱き、遥かな時をかけて一つの方向に向かって歩み続けるものであり、また人間として経験するあらゆる時と場から学んだ記憶を忘れずに刻んで湛えているものだからです。

　魂としての私たちは、幾度もこの世界に生まれて異なる人生を経験します。それは、魂がみな、一度の人生ではとても成就できない願いを抱いているからです。どんなに懸命に生きたとしても、多くの魂は、願いのすべてを果たすことはできずに人生を終えることになります。

たとえば、幸せな家庭を営みたいと願いながら、若くして事故のために亡くなってしまう。かつて友情を裏切り、疎遠となった魂と絆を結び合うことを願いながら、あと一歩のところで、また些細な誤解や不理解のために関係が断絶してしまう。多くの若い人々を育みたいと願い、その財的な基盤を整えようとしながら、今度は財的なことだけに人生のほとんどを費やしてしまう……。あるいは、本人としては十分に人生を生きて「思い残すことは何もない」というような場合でも、魂の願いからすれば、まだやり残したことがあるのです。

一回限りの人生の中では、魂の願いにすら気づけず、また気づいてもその途上で人生の幕切れを迎えなければならず、たとえ願いを果たしても心残りの部分を何かしら抱えることがほとんどです。そして、そのように人生を終えた魂は、様々な後悔を抱くことになるのです。

ああ、志半ばで終わってしまった。また、友情を壊してしまった。他の人たちのために貢献することができなかった。自分の未熟さのために大切なものを見失ってしまった。できるならば、もう一度人生をやり直したい。やり残した仕事を最後までやり遂げたい。自分の弱さや未熟を乗り越えたい。結べなかった友情を最初から結び直したい……。

大切なことは、後悔が強ければ強いほど、それは再生への強い願いとなって、私たちを新たな人生に導いてゆくということです。そうした言葉にならないような切なる願いを、私たちは例外なく心の奥に刻んでいるのです。

そのような魂にとって、新たな人生で与えられる様々な経験、出会いと出来事は、すべてみな、切なる願いを果たすためのかけがえのない機会であり、重要な手がかりになるのではないでしょうか。

つまり、魂の次元があるからこそ、人生のすべては、私たち自身と深くつながり、無関係なものではなくなるのです。中でも、人生に訪れる試練は、魂に刻まれた願いにつながる特別の機会です。試練は、私たちを立ち止まらせ、私たちの生き方を掘り下げ、心の深いところに眠っていた願いを呼び覚ましてくれます。自分が本当にしたかったこと、大切にしたいことが明らかになるときなのです。

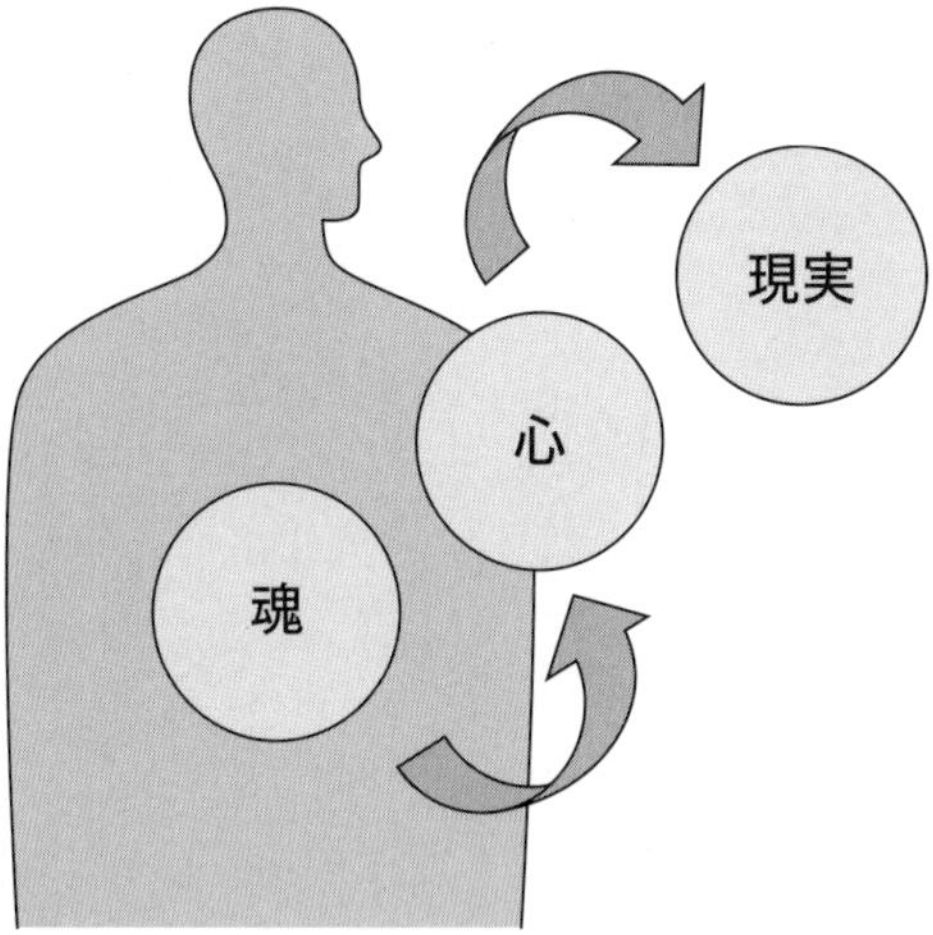

図1-2　「現実」は、「心」につながり、「魂」にもつながっている

「魂と心と現実」で考えてみよう

私たちが経験することのすべてが人生のテーマとつながっている——。そのまなざしをもって、私たちはこれから、「試練」に対する生き方を考えてゆきます。その原則は「魂と心と現実」で考えてみることです。図1-2を見ていただきたいと思います。

まず、ここに描（えが）かれている人型（ひとがた）は、私たち人間一人ひとり、あなた自身だと思ってください。この図は、私たちと世界との関係を表しているものです。私たちが目の前にしている外なる「現実」は、私たちの内なる「心」とつながっていて、さらにもっと奥深い次元に横たわる「魂」と分かちがたく結びついていることを示しています。

たとえば、目の前に現れた壁（「現実」）が、私たちに「どうしよう」「何でなんだ！」「まあ、何とかなるだろう」……と様々な気持ち（「心」）を生じさせるだけではなく、その私たちの気持ちが壁を生み出しています。その壁に向かい合う気持ち次第で、これから未来の「現実」は大きく変わってゆくのです。そして、私たちの気持ちは、その時々に偶然生じたのではなく、それぞれの生い立ちや人生全体と結びついていて、もっと深い、人生のテーマをもたらす「魂」の次元ともつながっている……。そのように考えてみるということです。

私たちの目の前にある「現実」は、しばしば確定的で動かしがたいものに見えます。しかし、その「現実」は、外からは見えない「心」とつながり、さらにもっと奥にある「魂」につながっている。つまり、目の前の「現実」には、私たちがまだわかっていない意味や可能性が秘められているということです。私たちが試練の意味を知るためには、この「魂と心と現実」を切り離すことはできないのです。

今、あなたの前には、どのような試練が訪れているでしょうか。あなたにとって試練と感じられる事態を言葉にしてみることが最初の一歩になります。肉体的、精神的、社会的な痛みなど、どのようなことでも結構です。あなたが今、一番思い悩んでいることを意識化してみてください。

その試練がもし、偶然ではなく、必然として訪れているとしたら、それはどのような意味を抱いていると思いますか。起こるべくして起こっている理由に想いを馳せてみましょう。

2

試練は呼びかける

試練を通じて人生を輝かせることができた人々には、共通した生き方がある。
それは、「試練は呼びかけ」と受けとめる生き方――。
彼らは試練を必然のものとして受けとめ、その呼びかけを聴くことによって、
新しい生き方を始めることができたのである。

試練を輝かせる人々がいる

私たちがこの世界を生きてゆく上で避けては通れない試練――。

試練とは、私たちに突きつけられる、望まざる厳しい現実です。仕事の不調、業績の悪化、計画の挫折、リストラ、会社の倒産、受験の失敗、いじめ、家族や友人、隣近所との人間関係のトラブル、家族や伴侶との死別、離婚、病……。それは、多くの場合、願っていることが阻まれ、積み上げてきたものが台無しになってしまうような事態です。ときには、私たちの生活や人生を一変させてしまうような苛酷な現実をもたらします。

しかし、その一方で、試練は、不思議と人生を輝かせてきたものでもあるの

ではないでしょうか。多くの困難を与え、労苦や忍耐を強いる試練を通じて、重要な発見をしたり、現実を深化・発展させたり、人間的な成長を果たしたりする人々がいます。それは、その本人にとっては得がたい経験と言えるものでしょう。

試練は、ただ乗り越えるべき壁としてあるのではなく、新しい現実、新しい次元への門になり得る――。彼らが教えるのは、試練の重圧に屈することなく、その試練を通じて、願いを具現できる生き方があるということ。試練があったからこそ、唯一無二の人生を開花させることができるということです。

そして、歴史を顧みるなら、私たちはそのように試練を受けとめ、試練を輝かせて生きた先人の例をいくつも見出すことができます。

あの試練があったから今がある

楽聖と呼ばれるベートーヴェン（一七七〇～一八二七）が難聴という試練を超えて、素晴らしい音楽を残したことはよく知られています。構想二十年余をかけて作曲された『交響曲第九番』は、まさにその難聴が深刻になっていった時代に作曲されています。聞こえない耳は、ベートーヴェンに音楽への一層の集中を要求したに違いありません。つまり、難聴という試練あればこそ、『交響曲第九番』は、より純粋に音楽的な昇華を果たし、多くの人々の心を打つ、人間讃歌の音楽となり得たのだとは言えないでしょうか。

また、フランスの生物学者のファーブル（一八二三〜一九一五）が、昆虫に対する徹底した観察と実験の膨大な記録として著した『昆虫記』。この貴重な記録の書は、ファーブルがあらぬ誹謗中傷を受けて高校教師の職を追われ、経済的にも行き詰まるなど、いくつもの困難が降りかかった人生最大の試練の折に、そこからの脱出をはかるために書き始めたものにほかなりません。

時代をリードする新しいスタイルを生み出し、ファッションの歴史を変えていったココ・シャネル（一八八三〜一九七一）。彼女の「モード革命」の原点は、実は孤独と悲しみに満ちた、その生い立ちにあったと言われています。十一歳で母親を亡くし、さらに父親に捨てられた彼女は、十七歳まで修道会の孤児院で育つという試練の時を送ります。厳しい禁欲をもって知られるその修道会では、「装飾」も「色」も禁じられ、修道女と孤児の制服は黒と白でした。しかし、後にモード界にデビューした彼女は、まさにその「黒」をモダンでエレガントな色として使い、「装飾」を排したスポーティーでシンプルなスタイルの小さな黒い服でモードに決定的な変革をもたらし、シャネル・スーツを発表して一世を風靡したのです。

今なお世界の映画人から尊敬を集める黒澤明（一九一〇~九八）監督は、子ども時代、大変な弱虫でいじめられっ子でした。小学校では授業についてゆけず、強い屈辱感を味わい、肉体的にも精神的にも劣等感を抱いていました。しかし、小学校五年生のときに出会った剣道が、その現実を変えることになります。道場に通って一心に打ち込むだけではなく、剣豪小説も読みあさり、ついには、襲ってきたいじめっ子たちを竹刀で追い払ってしまうのです。そして、そうした体験は、デビュー作の『姿三四郎』や傑作『七人の侍』『用心棒』『椿三十郎』などの登場人物のキャラクターや所作に生かされていると言われています。

前章でも触れたアップル社のスティーブ・ジョブズ氏は、同じ講演の中で、自らが味わった人生の喪失体験について語っています。三十歳のとき、彼は経営陣との意見の衝突から、すべてを注いできたアップル社を追われるという試練に直面しました。それまで積み上げてきた一切を失う現実に茫然としながら、しかしそのとき、ジョブズ氏は自分の心と向かい合って、コンピュータに対する熱意が少しも変わっていないことに気づいたと言います。そして、もう一度、一から踏み出すことを決心して、新たに二つの会社を興したのです。一つの会社は『トイ・ストーリー』をはじめとする多くのアニメーション映画を生み出し、もう一つの会社は、そこでつくったシステムが、やがてマッキントッシュ・コンピュータの新しいOS（基本ソフトウェア）の土台となり、彼自身をアップル社に戻らせることになりました。「あの最悪の事態は、後から考えれば、実は本当の創造性を取り戻すことができた最良の出来事だった」。そうジョブズ氏は語っています。

あの試練があったからこそ、今がある——。

それは、試練を輝かせた彼らに共通した人生に対する感慨です。彼らは、試練を必然として受けとめた人たち——。なぜその試練が訪れたのか、その理由を自ら見出した人たちです。試練が訪れるべくして訪れたと感じ、そこから新たな生き方を取り出すことができた人たちなのです。

願いが先にあり、試練は後からやって来る

試練を輝かせた人々は、歴史にも私たちの周囲にも、数多く存在しています。彼らが教えるのは、私たちが遭遇している試練は、光転（光と可能性の方向に転じてゆくこと）に導かれることを待っているということではないでしょうか。

いいえ、それにとどまりません。試練を通じて、あたかも彼らが心の底で願っていたことが成就してしまったかのようです。

そうです。試練は私たちの心の奥に隠されていた願いを明らかにし、導きさえする――。試練と願いは、一つに結びついているのです。

苦しくて遠ざけたいだけの試練と、大切な自分の願いがつながっているなんて、思いもつかないことかもしれません。でも、そうではないのです。試練は、私たちの願いを結晶させる揺りかごであり、試練の向こうには必ず、その人の願いが透けて見えてくるのです。

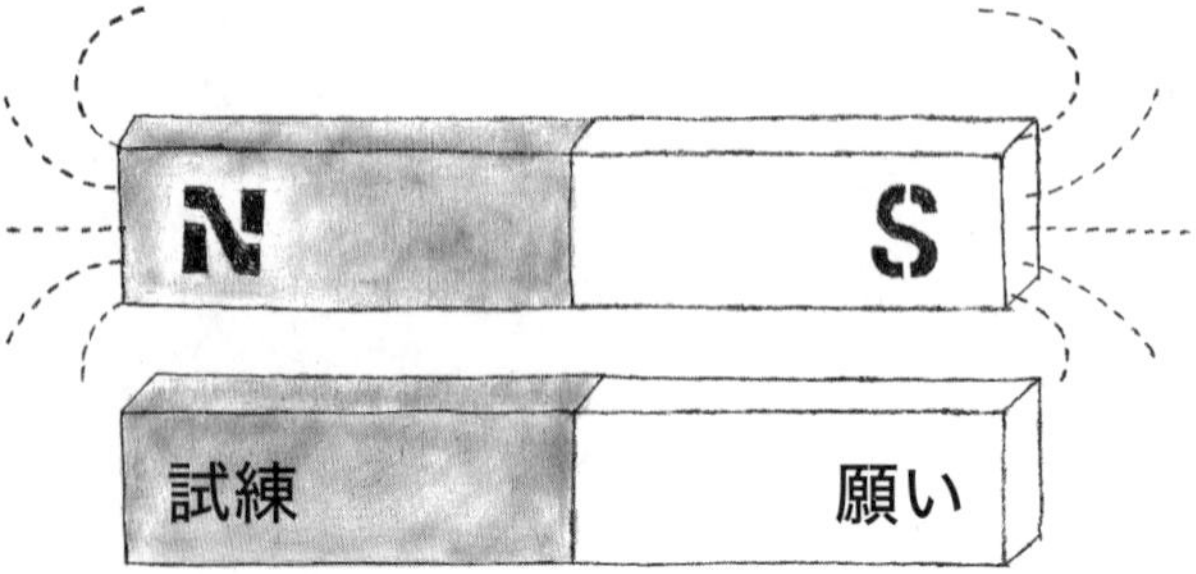

図2-1　磁石のN極とS極と同様に、試練と願いも一つ

試練と願いは、磁石のN極とS極のようなものです。磁石には必ずN極とS極があります。N極だけの磁石も、S極だけの磁石も存在しません。試練と願いも同じです（図2－1）。試練も願いも、単独で存在しているわけではありません。試練があれば、そこには必ず願いがある。逆に言えば、願いがあるからこそ、試練が生まれるということなのです。

たとえば、「家族の絆が切れて苦しい」という女性。「切れても仕方がない」とあきらめてしまえば、ひとまずその苦しさから逃れることもできます。にもかかわらず、そうできない。

それは、あきらめきれない何かがあるからでしょう。そこに願いのかけらがあるということです。つまり、「本当の絆を結んだ家族になりたい」という願いがあるから、そうなってはいない今が試練の時になるのです。

また、「今、職場で次から次に試練を迎えている」という建築設計事務所に勤務する男性。不況で仕事が激減しているうえに、クライアントとの摩擦が生じ、監理する現場でも問題が発生……。責任者になったコンペ（設計案の競技）の締め切りも近づいているが、案がまとまらない。一つ一つが難題で、毎日必死になってやっとの想いで過ごしている。けれども、彼がこの仕事を選んだのは、「人々に感動を与える建築をつくりたい」と願ったから。だから、大学に通い、実務を学び、建築士の免許も取った。その願いがあったから、設計に携わることになり、今、試練と出会っているのです。

試練は、私たちが大切にしたいもの、守りたいもの、あきらめられないものを教えてくれます。逆に言えば、その大切にしたい願い、守りたい願い、あきらめられない願いがあったから、私たちは今、試練の時を迎えているということなのではないでしょうか。願いが先にあり、試練は後からやって来るものなのです。

秘訣は「試練は呼びかけ」と受けとめる生き方

試練を輝かせた人たちのように生きるには、どうすればよいのか。その秘訣とは、どのようなものなのでしょうか。

試練を前にしたとき、私たちの心には様々な想いが渦巻くことになります。たとえば、「どうしよう、もうダメだ。きっとどんどん悪くなってゆくに違いない」と悪い方にばかり考えたり、「冗談じゃない。こんなことになったのは一体誰のせいだ！」と他人を責めたり、あるいは「私なら、この難局を切り抜けられる。私の出番だ」と逆に意気揚々と張りきったり、さらには「まあ、大丈夫だろう。それほど悪くならずに何とかなるのではないか」と楽観的に受けとめてしまったりする人もいます。

そして、自分では気づかなくても、私たちは試練が訪れるたびに、たいていはこれらの反応のうちのいずれかを示し、いつも同じ気持ちになっているのです。

試練を輝かせた人たちは、違います。

「もうダメだ！」とすぐにあきらめ、目をつぶってしまうのではなく、「この事態は、私に新たな一歩を踏み出せと促しているのかもしれない」と受けとめる。あるいは、他人を責め続けるのではなく、「自分にも足りないところがあった。もし、私が違う選択をしていたら、あの人もきっと力を発揮できたかもしれない」と振り返って、新たな歩みを始める——。

彼らに共通しているのは、試練をただ嫌なもの、排除すべきものとして受けとめるのではなく、それには意味があり、自分に何かを伝えようとしていると受けとめる態度です。

それを私は、**「試練は呼びかけ」**と受けとめる感覚と言ってきました。

先に触れたように、そもそも、「試練」という言葉には、私たちを「試す」問題や苦難という意味があります。つまり、問題や苦難のことを「試練」と呼ぶこと自体、すでに私たちがそこにもっと大きな意味を見出そうとしているということなのです。

目の前の困難は、ただ困難として存在しているだけではない。私たちに何かを語りかけている。何かを伝えようとしている。私たちに足りない生き方、必要な生き方、そして私たちが新たに向かうべき生き方、人生の次なるステージへと誘い、呼びかけている――。そのような感覚で試練に向かうことから開かれる道があるのです。

それは、特別な才能や力を持った一部の人たちだけに開かれる道ではありません。すべての人々、私たちの誰もが試練を通じて人生を輝かせることができるのです。

試練の中に確かに私の願いがあった

四国にお住まいの主婦、山田康子さん（五十代、仮名）は、二人のお子さんを育て上げ、現在ご主人と二人暮らしです。その山田さんに、人生の試練とも言える状況が迫ってきました。実家の母親の体力が衰え、寝込むようになり、介護が必要な状態になってしまったのです。

山田さんは、五人兄弟の三番目。他の四人はみな東京で生活していたため、普通なら、その世話をするのは残された自分と思えたでしょう。

しかし、山田さんは、母親との関わりが苦手でした。たとえば、幼い頃、母親が買い物に出かけている間に、きっと喜んでもらえるだろうと、お米に混じっていた石を取り除いておいて、帰ってきた母親に「やっておいたからね」と言ったときのことです。「『私がやった』なんて言うのはあなただけ。他の子は言わない」と叱られ、何とも言えない悲しい気持ちになったと言われます。そうした関わりが繰り返され、「母には何を言っても、わかってもらえない」と思ってきました。そして、ずっと受け入れてもらえなかった寂しさから「私には、ああもしてくれなかった、こうもしてくれなかった」と、何かあると不満の想いが吹き出してしまう関係になっていたのです。

たくさんの兄弟に囲まれながらも孤独感がつきまとい、人にどう思われるかがとても気になって心を開けず、どこか寂しさを抱える重い心で山田さんは生きてきました。さらに結婚前、幼稚園の先生をしていたことがあり、「子どもの面倒は、未来があって希望が持てる。でも、お年寄りの介護だけは絶対にしたくない――」、そう思っていたことも決定的でした。

実は、以前、やはり母親が体調を崩し、四年近く床についていたことがありました。そのとき山田さんは、当時まだ実家にいた妹が面倒を見たらいい、私は夫や子どもの世話があるからと、距離を置いたままにしていました。しかし、今回は近くにいるのは、自分一人——。

それでも最初、山田さんは、両親が二人で住んでいたため、「私も手伝うけれど、夫婦のことは夫婦でしてよ」とつぶやき、あまり関わりを持たないようにしていたのです。実際、当初は母親の面倒を見ていたのは、大学で教鞭を執っていた父親でした。

しかし、しばらく経ったある日、足を引きずりながらゴミを出しに行く父親の姿を目にしたとき、山田さんの中で、何かが弾けました。「一体自分は何をしていたんだろう。これではいけない」と心の奥から、強い後悔の想いがわいてきて、もう居ても立ってもいられなくなったのです。そして、本気になって両親を引き受けようと心に誓いました。

そのときから、ご主人にも協力してもらい、母親の介護が始まりました。介護は、本当に忍耐の要ることでした。引き受けきれずにどうしていいのかもわからず、「もう限界」と不安に襲われることもありました。「無理だ」と投げやりになる気持ちや、「どうして！」と怒りの想いが出てくることもありました。「魂の学」を学んでいた山田さんは、気持ちが揺れるたびに、拙著『新・祈りのみち』（三宝出版刊）を読んで自分の心と向き合われたそうです。

そして、介護の日々の中で、母親とも少しずつ心を開いて話し合えるようになってゆきました。山田さんが幼かった頃、母親が人生の中で大きな試練を抱えて苦しんでいたこと、それゆえ、心の余裕を失っていたことも知ったのです。

そんなある日、ベッドのシーツを替えながら、「こうしたらお母さんが気持ちいいだろうな」と思ったとき、ふと何ともうれしい気持ちと「ああ、私はこれがしたかったんだ！」という想いが内からわき上がってきたのです。これまで思ったことのない感覚で、自分の心が本当に落ち着くべき場所に落ち着いてゆく感じがありました。それと同時に、山田さんの心にあった空洞が温かいもので満たされ、ずっと抱えていた寂しさが消えて、いつしか心が癒されていたのです。すると本当に不思議なことに、あれほど重くて仕方がなかった心がすっかり軽くなってしまいました。

そして、苦手だったはずの母親を心から愛しいと思えるようになりました。お母さんもまるで子どものように山田さんを慕ってくれるようになり、「いつも迷惑をかけてごめんね。康子とは（魂として）どんなご縁だったんだろうね」とまで言ってくれるようになったのです。

それからほどなくして、山田さんは、ふと海が見たくなり、海岸通りを車で走っていました。すると突然、ある気持ちがわき上がってきて、涙が止まらなくなりました。自分の中にずっとあった「私は要らない子」という想い――。しかし、そのとき、一つの確信が訪れたのです。「ああ、そうだ。そうだったんだ。あの両親には、私が必要だったんだ。これが約束だったんだ。私の魂が望んだ道……」。心の奥底から想いがあふれてやまず、山田さんは車を停めてしばらく泣いていました。

生い立ちゆえに、母親と正面から関わることを避け、お年寄りの介護は嫌と拒絶していた山田さん。しかし、その嫌で仕方がなかったことの中に、自分がどうしても果たしたかったこと、本当に願っていたことがあったのです。

試練の中に願いがあり、願いがあるから試練がやって来る――。それは誰にとっても変わることのない真実です。

呼びかけを受けとめたとき、試練を超える道が見えてきた

日本海に面する一地方でスーパーマーケットを経営する谷清司さん（四十代、仮名）は、激しい出店競争のために七店あった店舗を二店にまで縮小するという苦しい経営を続けるさなか、三代目の社長に就任しました。

その状況の中でも、経営陣はしばらくの間、有効な対策を講じることができず、会社全体がますます元気をなくしてゆきました。「ここは、競合店に対して競争力がない。サンドバッグ状態（殴られっぱなし）だ」と同業者に揶揄されるほどだったのです。

谷さんも、はじめは覇気のない社員に「仕方がない」とつぶやき、「まあ何とかなるだろう」と楽観していました。行き詰まってくると、今度は「会社を閉めなければならないのか」と弱音を吐いては、社員を路頭に迷わせる恐怖に呑み込まれるようになりました。

そのようなとき、県内屈指の売り場面積を誇る競合店が三店も近隣に出店す

ることがわかって、絶体絶命の危機を迎えたのです。さらに、追い打ちをかけるように、会社を創業時から支えてきたご両親が相次いで体調を崩して入院。谷さんは、精神的にも追い詰められてゆきました。

そのような厳しい環境の中で、谷さんは「この試練は、大きな転換を呼びかけている」と受けとめました。「かつての自分なら放り出してしまっていた」と語る谷さんですが、本気で「試練は呼びかけ」と受けとめ、事態に向かい合いました。「つぶれてしまったら会社の中の絆が切れてしまう。父から預かった会社を何とかしたい」という強い願いが、心の奥からあふれ出してきたのです。

そして、そのためには「まず、自分が変わらなければならない」と思いました。数年前から「魂の学」を学んでいた谷さんにとって、自分の超えるべきテーマは、ものごとを曖昧に捉えて楽観し、すぐ頼りになりそうな人に依存して、マンネリや失敗を導いてしまう心の傾向にあることがわかっていました。ならば、それを本当に乗り越えてゆきたいと一念発起し、まず太り気味だった自分を変えようと、毎日五キロのジョギングと食事の量を半分にすることを決心したのです。それは、わずか数カ月で二〇キロ以上の減量をもたらし、谷さんを別人に変貌させました。それだけの「変わろう」とする意志の現れでした。

経営についても新たな取り組みを始めました。かつて店舗を閉鎖したとき、リストラを余儀なくされた社員のことを思うと、胸が締めつけられました。自分は、彼らとその家族の未来に希望を与えることができなかった。それだけでなく、売り尽くしセールの最終日に「明日からどこへ買い物に行けと言うのか」と嘆いていたお客様の顔が思い出され、申し訳ない想いが蘇って仕方がなかったのです。

これまでの生き方に対する後悔と、経営に対する志を新たにした谷さんは、具体的な方策を打ち立ててゆきました。その大きな突破口になったのは、パートタイムで働く女性たちへの関わりの転換でした。今までは幹部主導で、彼女たちは、売り場についても、棚割についても従うだけで、元気がありませんでした。しかし、大半のお客様と同じ女性で同世代の条件を抱いている彼女たちこそ、お客様が本当にほしいものを知っているはずだと思い至ったのです。そして、「彼女たちにも、もっと積極的に店づくりに参画してもらおう。

彼女たちの可能性が輝く売り場をつくってゆこう」と決心し、女性のお客様を念頭に置いた「女性主役の店づくり」という方針を定め、実行したのです。

女性たちのはたらきは、谷さんの想像を超えていました。様々な改善の意見と、それを実現しようとするバイタリティには驚くばかりでした。挨拶運動、鮮度パトロール隊の設置、食育への取り組みなど、幹部、社員、パートの女性たちの新しい協力態勢が次々に生まれて、かつて元気がなかった売り場は見違えるように活気にあふれるようになったのです。

そして、大型店の出店の直後こそ下がっていた売り上げが上向きに転じ、その後は安定的に推移するようになり、最大の危機を乗り越えることができたのです。

「ここの社員は輝いている」――。お客様からそんな声をお聞きするときほど、谷さんにとってうれしいことはありません。かつて、未来に希望を与えることができず、どうすることもできない無力さに陥った失意のときの後悔に自ら応えることができたのです。谷さんは、今、心の底から本当に「試練は呼びかけだ」と痛感しています。

試練が呼びかける声を受けとめ、それに応えたとき、私たちはどうすることもできない試練を超えてゆく道を、同じ現実の中に見出すことができるのです。

あなたが抱える試練が呼びかけていることは、どんなことだと思いますか。考えてみましょう。

今、直面している試練にも、きっとあなたの願いが隠れています。その願いとは、どのようなものだと思いますか。「目の前の状況がどうなることを願っているのか」「この試練の中で、どうしても守りたいと思うものはどんなことか」。そう問いかけて、考えてみましょう。

3

呼びかけはどこからやって来るのか

自分が取り組むべきテーマや
次に向かうべきステージを指し示す「試練」からの呼びかけ。
それは一体、どこからやって来るのだろうか。
試練からの呼びかけは、私たちの人生のすべてを知っている「魂の声」であり、
私たちを見守っている大いなる存在からのメッセージなのである。

宇宙の源から魂を通じて訪れる

様々な「試練」は、ただ問題や困難としてあるのではなく、私たちに、大切な何かを呼びかけています。自分自身の弱点や不足を教え、気づかなかった大切ないのちを蘇らせ、取り組むべきテーマや次に向かうべきステージを示しています。

その「呼びかけ」は、一体どこからやって来るのでしょうか。

私たちが出来事や事態に「呼びかけ」を聴くことができるのは、私たちの内側に自分がわかっている以上の何かがあるからです。その何かとは、現代人が

ほとんど顧みることのない「魂」の次元です。

「魂」とは、私たちの「心」の奥に広がる無限の領域です。人生を終えると、私たちの「心」はいったんリセットされる一回生起のものであるのに対して（ただし、その体験の記憶はすべて魂に蓄積されます）、「魂」は人生を超えて永遠に持続するエネルギーです。それは私たちの出会いや出来事、様々な経験のすべてと、そこから学んだ智慧を蓄えている場所でもあります。つまり、人生全体を受けとめ、その意味をもたらす次元なのです。

さらに言えば、魂の次元は、私たちの人生、一切の事象を知り、見守っている宇宙の叡智、すべてを生かし支える大いなる存在の次元につながっています。

宇宙の源とも言うべきその次元は、時代のヴィジョン（展望）をも孕むところです。時代に託されたヴィジョンは、多くの断片によって思いがけない一枚の絵が描かれているジグソーパズルのようなものです。世界中に生きている私たち一人ひとりはその一片にほかならず、私たちが時代の中でどう生きなければならないのか、どう生きることを願っているのか、それを知って

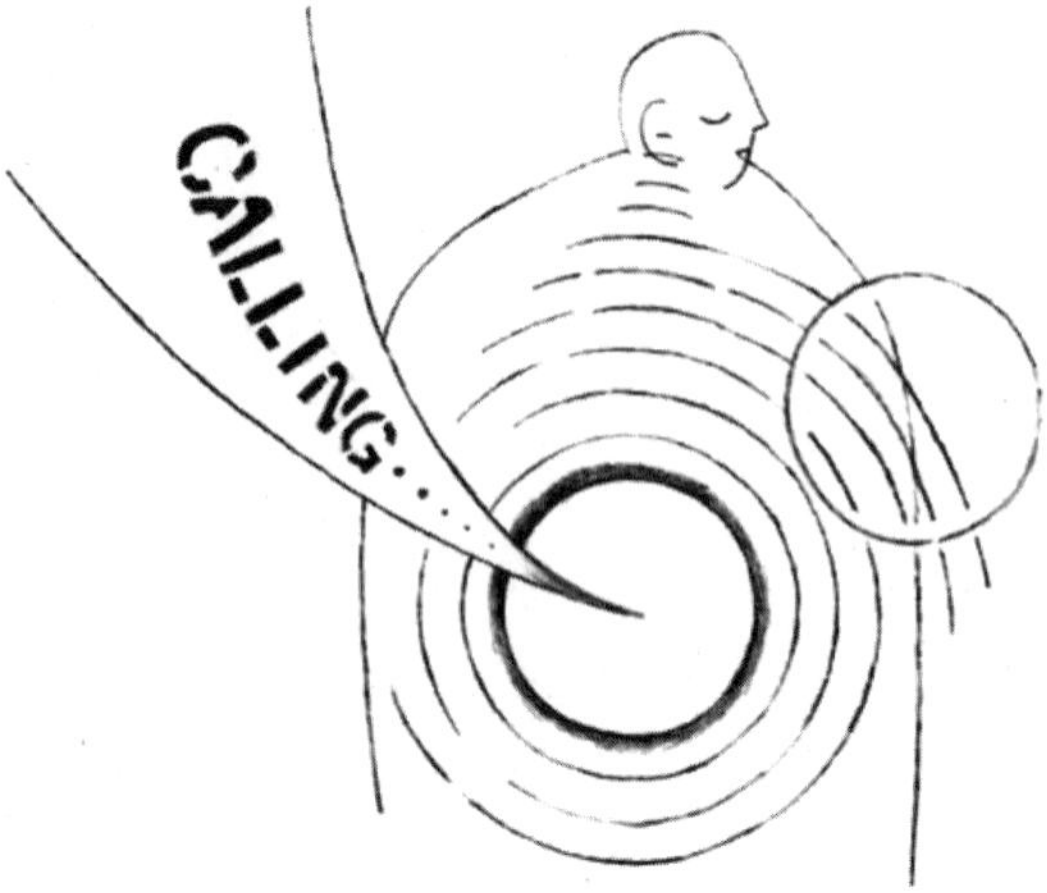

「魂」の声に耳を傾けると……

いるのも、その次元だということです。

歴史に足跡を残す詩人や音楽家などすぐれた芸術家の多くが、また科学者や思想家の多くが、創造の源泉を求めたのもその次元です。彼らは、あらゆる創造や発明、思想は自分の思うままにできるものではなく、現世の一切の力を超越した次元からの賜りものであることを感じてきました。

「発明王」と言われているエジソンは、実際は、自分が発明したのではなく、宇宙からメッセージを受け取っただけであり、自分は自然界からのメッセージの受信者であったと語っています。

私たちの人生に呼びかけを送り出すのは、そのような見えない源の次元であり、その次元とつながっているのが私たちの魂なのです。

だからこそ、私たちが、試練を前にして、「心」の奥にある「魂」の声に耳を傾ける(かたむ)とき、「魂」は「呼びかけ」(コーリング)を私たちの「心」に伝えてくるのです。「呼びかけ」を聴けるのは、この「魂」と「心」と「現実」のつながりがあるからです。

「魂」と「心」と「現実」のつながりは、「魂の因果律(いんがりつ)」

「魂」と「心」と「現実」のつながりを、私は**「魂の因果律」**と呼んでいます。「因果律」とは、原因と結果の法則。このつながりには、二つの原因と結果が組み込(こ)まれています。私たちの目の前にある試練という「現実」は、ただ偶(ぐう)然(ぜん)、そこに生じているわけではなく、「結果」として存在しています。その原因は「心」。そして「心」は「原因」としてばかりではなく、さらにその奥にある「魂」の「結果」としても存在(そんざい)しています。つまり、「魂」が「心」を生

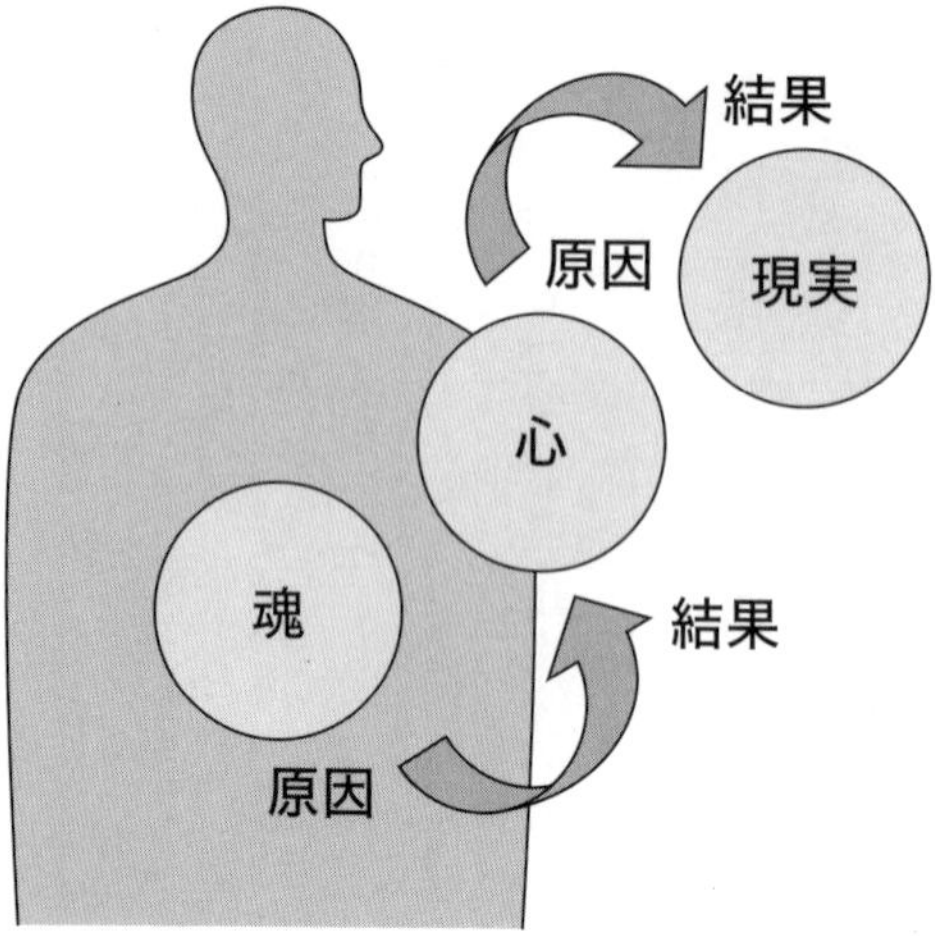

図3-1　「魂」が「心」を生み出し、「心」が「現実」をつくり出す

み出し、「心」が「現実」をつくっているということです（図3－1）。そして、それを基本としながら、逆に「現実」が「心」を生み出す「原因」となり、「心」が「魂」をつくる「原因」となることもあります。「現実」が「心」に影響を与えるように、「心」もまた「魂」にはたらきかけているのです。

ディズニーランドと「心」「現実」のつながり

端的に言えばこうです。「心」が怒っていたり、いらだったりしているとき、私たちは周囲に荒々しい「現実」を生み出さざるを得ません。たとえば、怒っている私たちに出会った人が「何でそんなにイライラしているんだ。オレに文句でもあるのか」と反応するというようなものです。また、荒々しい「現実」の中にいるだけで、「心」はとげとげしくなるでしょう。逆に、私たちの「心」が穏やかであれば、自ずから周囲には和やかな「現実」を生み出すことになります。また、平穏な「現実」の中にいれば、「心」は丸くなってゆくに違いありません。

ひと頃話題になった「割れ窓理論」も、この「心」と「現実」の結びつきを語っているものです。「割れ窓理論」とは、一つの窓が割れたまま放置されていると、それは誰も注意を注いでいない象徴になり、やがて他の窓もすべて壊されるという考え方で、小さな無秩序が放置されていると（「現実」）、それは即、私たちの「心」に反映してモラル（道徳）の低下を引き起こし、犯罪を起こしやすい環境が生まれ、結局、「現実」に地域全体が荒廃してゆくと警告するものです。それを防ぐには、落書きや割れた窓など、一見ささいな秩序違反をそのままにせず、徹底的に解消すること（「現実」）。そうすることによって、人々のモラルが向上し（「心」）、町全体の治安と秩序が回復してゆく（「現実」）

地下鉄の秩序回復に取り組んだニューヨーク市の話は有名です。落書きだらけで治安の悪かった
というものです。実際に、この理論に従って、落書きだらけで治安の悪かった

人間が世界につくり出してきた様々なものも、「心」と「現実」のつながりなしには考えられないものです。

たとえば、私たちの周囲にある照明器具やテレビ、掃除機や洗濯機、コンピュータやステレオ、机、椅子、ペン、書籍……。そのすべては、誰かが「こういうものがあればどんなに素晴らしいだろう」と「心」に青写真を描いたことから「現実」に生まれたものです。

世界の子どもたちに愛され、夢を与えているディズニーランドも、ウォルト・ディズニー（一九〇一〜六六）という一人の人間が「心」に抱いた夢から生まれました。ディズニーが願ったのは「人々に幸せを与える場所。大人も子どもも、共に生命の驚異や冒険を体験し、楽しい思い出をつくってもらえるような場所」を築き上げたいということ。「現実」となったその場所は、数えきれない人々の「心」に楽しく、忘れることのできない思い出を刻むものとなったのです。

「魂」の力はいつもはたらいている

心の奥に位置する「魂」は、直接目で見ることができないものです。でも、「魂」は想像以上に「心」と密接につながり、「心」に大きな影響を与え続けています。その代表的なはたらきが、心を自由にはたらかせるということでしょう。心が羽ばたくようなとき、そこには必ずと言ってよいほど、魂の助力があります。つまり、想像したり、類推したり、喩えを使って考えたり、ものごとを総合したり、共通項を見つけ出したり、共感したり、感動したりするとき、その奥には魂がはたらいているのです。

魂の次元には、過去と現在と未来が一つになっている、自分と相手の区別がない、部分ではなく全体を受けとめる……というような特徴があります。過去の出来事を今に当てはめたり、未来のことを想像したり、遠くの場所で起こっていることを自分の体験のように感じたりすることもみな、魂のはたらきゆえのものと言えるのです。相手の立場に立って考えるということも同じでしょう。それは、理屈で、相手に身を置き換えて考えるのとは違います。そこには心を羽ばたかせ、自分という枠を超えて相手のところまで広がってゆくという力が必要です。それらはいずれも、魂のはたらきです。

たとえば、主婦である佐川恵さん（六十代、仮名）は、姑と二十数年、水と油のようにうまくいかず、顔を見るのも嫌で、日々鉛のような重い気持ちを抱えていました。そして、ついに佐川さんは、耐えがたい想いで、ご主人にお願いして姑をご主人の妹さんのところに引き取ってもらうようにしたのです。

ところが、その日が近づいてくると、なぜか気持ちが落ち着かなくなり、「本当にこれでよかったのか……」という想いが心の底から突き上げてくる感覚を味わいました。引き取ってもらってからも自宅で悶々として、大切なものをはぎ取られたような寂しさに襲われ、しまいには涙が止まらなくなってしまったのです。そして、姑と過ごした二十数年の中でふと感じた姑のやさしさや温かさが思い出され、「お義母さんと会いたい！　会って生き直したい！」という想いがあふれてきて、結局、再び姑と一緒に住むようになり、実の親子以上の深い心の交流と絆が生まれていったのです。

そのような、私たち人間の現実を根底から再生させてしまうのも、「魂」

のはたらきであると言えるように思います。

試練の中で呼びかけを聴くときも、魂がはたらいていることがわかるでしょう。いつもだったら「これはこうだ」と決めつけてしまうのに、ふと「事態を違うところから眺めてみよう」と思えたり、どうしても相手を許せず責め続けていたのに、ふと「もしかしたら、自分にも足りないところがあったかもしれない」と考えたりすることができるのも、全体に感応し自他をひとつながりにとらえる「魂」という次元があってのことです。

1章で触れたように、「魂」の一番中心にあるのは、**魂願（魂の願い）とカルマ（願いを阻む歪み）**というものです。魂願とカルマは、私たちが自覚できない大きなエネルギーとなって私たちの現実にはたらきかけています。なぜか、いつも人との絆に対して深い感動を覚えて仕方がなかったり、同じような失敗を何度も繰り返して人生に大きな波乱を与えたり、私たちの人生を大きく動かす力になってきたのです。

「魂―心―現実」の中心は「心」にある

それと気がつかなくても、私たちの人生にはたらいている魂の力は何と大きなものでしょうか。日々の営みから人生の創造に至るまで、それは想像を絶するほど大きな影響を与えているのです。

しかしそれでも、「魂」と「心」と「現実」の中心にあり、変化の鍵を握っているのは、私たちの「心」です。

そのことを考えてみましょう。「現実」は私たちの外にあるもの。それが重ければ重いほど直接変えることが困難であることは誰の目にも明らかです。一方、「魂」は、「心」とつながっていても、私たちが自在に動かすことは難しいものです。

私たちが本当の意味で主導権を持って変えることができるのは、「心」をおいてほかにはありません。「心」によって、「心」を通じて、私たちは「魂」と「現実」にはたらきかけてゆくのです。「心」が変われば「現実」が変わり、「魂」の闇（カルマ）を抑えることも、その光（魂願）を引き出すこともできるのです。「心」こそ「魂―心―現実」の中心であり、私たちが試練（問題）の呼びかけに応えてゆく歩みも、「心」を中心に進んでゆくということを忘れないでいただきたいのです。

ここでは詳しく触れることはできませんでしたが、人間が生み出すあらゆる事象を「魂」と「心」と「現実」という三層構造で眺め、その因果関係で捉えてゆく「魂の因果律」のまなざしは、これからの時代を生きる私たちにとって、不可欠な座標軸であると私は確信しています。

それは、私たちが抱える様々な問題、様々な試練を現実的に解決し、マイナスからゼロポイントに、そこからプラスへ導くだけではなく、さらに想像もできなかった人生の仕事、心の底で願っていたことを果たせるように私たちを導いてしまうからです。

いわば、もっとも暗い谷底から、もっとも明るく輝かしい山頂にまで、一気に飛翔させる力を与えてくれるものなのです。

あなたが抱(かか)えている試練（問題）を、「魂―心―現実」で捉(とら)えてみましょう。まず「現実」とは、あなたが直面する試練そのものです。それはどのようなことでしょうか。

その試練を前にしたとき、あなたの「心」にわき上がる想いはどのようなものでしょう。また、あなたの想いがこの試練を生み出したとしたら、それはどんな想いだと思いますか。

「魂」のことにも想いを馳(は)せてみましょう。永遠の生命として、数限りない人生を経験してきたあなたの魂が、この試練を通じてあなたに伝えようとしていることがあるとしたら、それはどんなことだと思いますか。

自分と静かに向かい合い、心の奥に問いかけてみてください。

4

試練が呼びかけるチャージ・チェンジ・チャレンジ

試練は、あなたに必要なことを呼びかけている。
それは、生まれてきた理由（わけ）、魂の願いを思い出し、
繰（く）り返してきた「いつもと同じ気持ち」を転換（てんかん）して、
新たな心で挑戦（ちょうせん）の一歩を踏（ふ）み出すことである。

試練に射（さ）す光を信じる

長年にわたって、私は、試練に直面した数多くの方々に出会い、同伴（どうはん）させていただくことを重ねてきました。そのすべての方が教えてくださったことが、「試練はただ嫌（いや）なことでも、避（さ）けるべきことでもなく、そこには大切な意味が隠（かく）されている」という真実です。

「試練は呼びかけ」とは、試練が、それを受けとめる私たち自身に向かって、語りかけてくるものがあるということです。

試練は、「これまでの生き方でいいのか」と私たちに呼びかけます。「今まで価値があると信じて疑わなかったことは本当にそうなのか」と問いかけてきます。人との関わりを見つめ直し、新しい関わり方を育むことを促されるときもあります。また、「自分が本当にやりたかったことは、このことだった」と、心の奥底に眠っていたかけがえのない願いをはっきりさせてくれたりもします。

私たちは、試練の葛藤の中で、自分にとって何が大切なのか、選択すべき道を教えられます。強い後悔を抱くような出来事から自分の願いを見つけたり、挫折や失敗から新しい未来のヴィジョン（展望）を授けられたりします。

ただ、そうした試練に隠されたメッセージをなかなか見つけることができないために、どうしてもつらいことや苦しいことだけがクローズアップされたり、また自分の中にある世間的な価値観から、否定的にしか受けとめられなくなったりしてしまうわけです。

呼びかけを受けとめるためには、まず、「この試練には、きっと大切な意味がある。私に何を気づけと呼びかけているのだろうか。求めれば、必ず『解答』

を知ることができる」と、自分の心に強く言い聞かせ、信じることです。

試練を通して、私たちは必ず新しい自分、新しい人生を発見することができる——。人間として、真の成長を果たす鍵が、まさに試練の中に隠されているのです。

「魂の学」が教える試練からの呼びかけ

「魂の学」が教える人生の眺めから、試練とその呼びかけのことを考えてみましょう。

「魂」は、人生を超える願いを果たそうとする意志を抱き、人間として経験したあらゆる時と場の記憶を湛えて、永遠の旅路を歩んでいる存在です。遥かな時をかけて、幾度も異なる人生を経験しながら、さらなる深化と成長を求めて、この世界に生まれてくるのです。しかし、私たちはその魂の記憶の一切を一度、忘却するところから人生を始めなければなりません。つまり、自分がどこから来てどこへ行こうとしているのか、私はそもそも何者なのか、もともとの動機、願いを忘れて、人生を歩み始めなければならないのです。

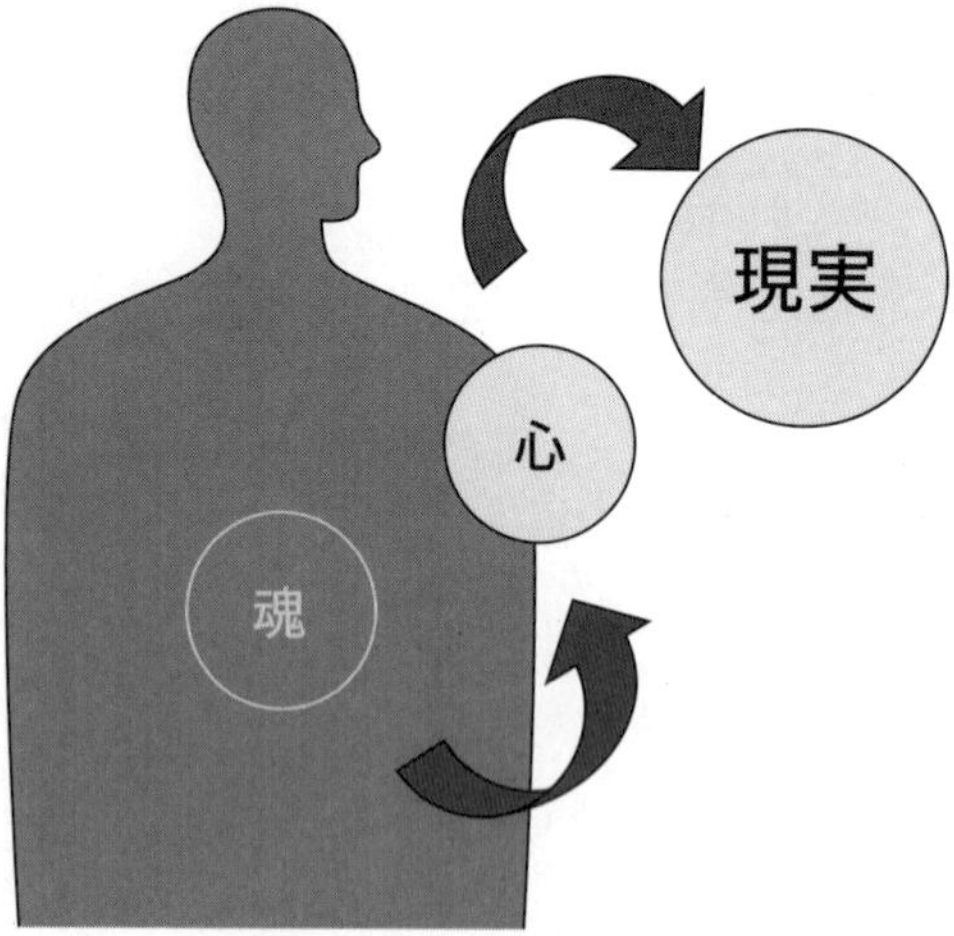

図4-1　「心」は力を失ってしまい、「現実」ばかりが重くなる

それは、魂にとって、ある意味で大きなリスクとなります。自分自身の本性を忘れ、願いを忘れ、人生を漂流してしまうことにもなるからです。もともとの動機、願いから切り離されてしまうことによって、私たちの「心」（想いと行動）は力を失ってしまい、周囲にある「現実」ばかりが非常に重くなるのです（図4－1）。

その力を失った「心」とは、どういう感じでしょうか。

普段、私たちの「心」には様々な方向を向いた想いが生じ、それに応じた行動が生まれています。たとえば、午後の職場で、少し前に、夕方の会議の

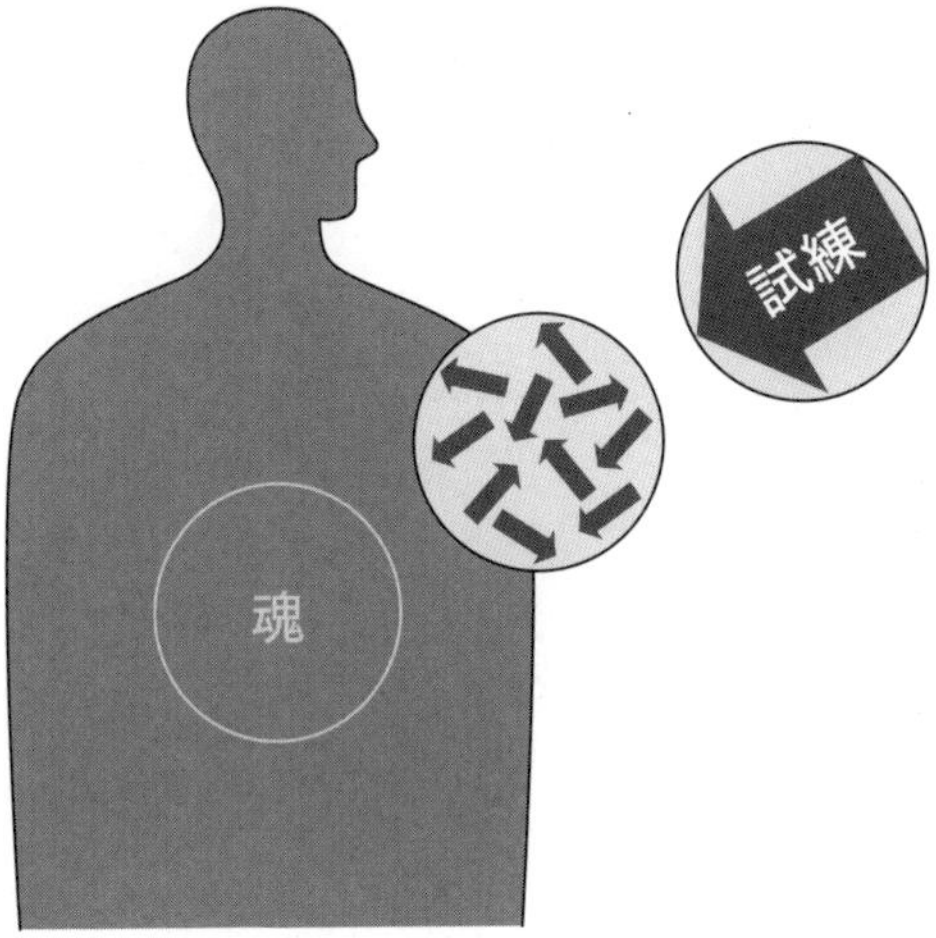

図4-2　試練に向かう「心」が、バラバラになってしまう

資料がきちんとできているか心配していたのに、コーヒーの匂いが漂ってくると、お腹が空いていることを思い、夕食は何にしようかと考える。そうかと思うと、ふと窓の外を見て、販売が開始されたばかりの新車が走っていることに目をとめ、あの車は……と想いは飛躍してしまう。家庭でも同じです。子どもたちの成績のことを案じていたかと思うと、いつの間にかテレビのドラマに入り込んでしまい、コマーシャルになると、今度は商品のことが気になり出すという具合です。私たちめがけて飛び込んでくる無数の刺激に振り回されて、私たちの心には、バラ

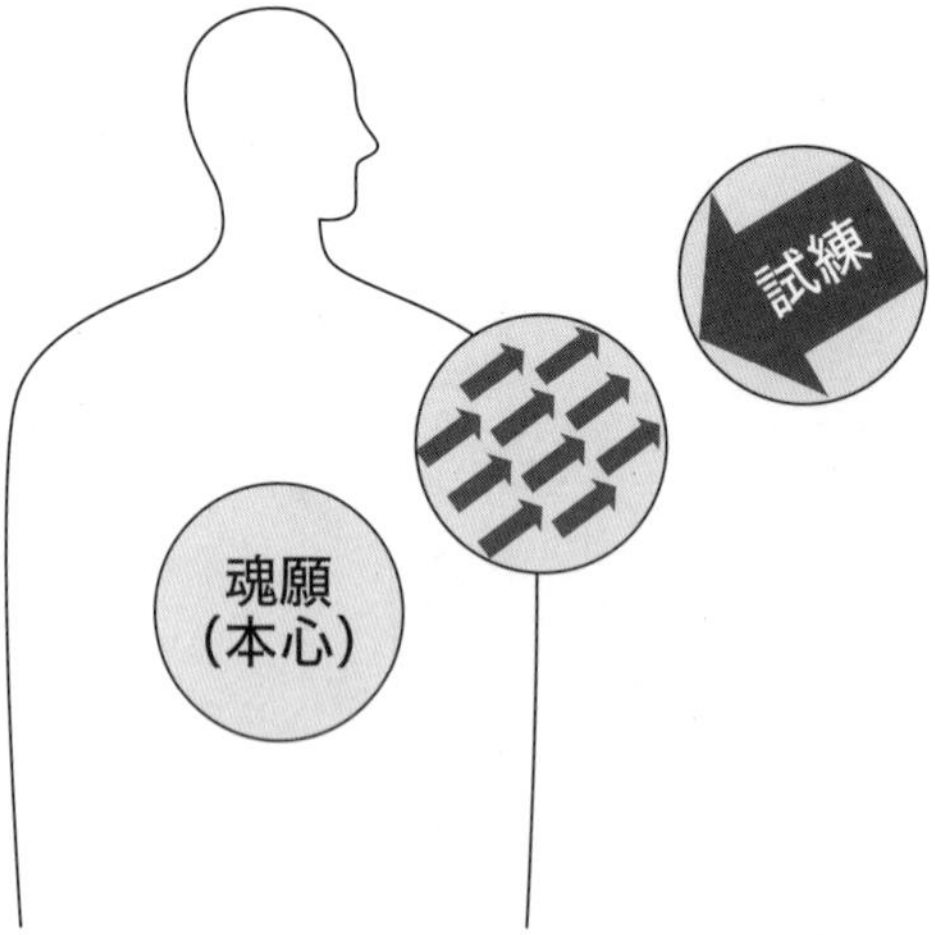

図4-3　魂の願いに接続すると、試練に対する「心」のベクトルが統一される

バラな方向を向いた雑念が渦巻いてしまうのです。

私たちが、「魂」の願い、もともとの動機に接続していないとき、もしそこに試練が立ち現れるなら、必ず「心」にはバラバラな方向を向いた想いがあふれることになります（図4－2）。良い状況が来れば舞い上がり、悪い状況になれば落ち込む。「ああなったら」「こうなったら」と想いはあちこちに動き回り、少しの変化に一喜一憂を繰り返し、事態に翻弄されてしまうのです。

しかし、そのとき、私たちの「心」が「魂」の願い、もともとの動機に接続されるならどうでしょう。自分が本当に願っていること、本当に大切にしていることに集中するなら、私たちの「心」のベクトル（方向を持つ力）は一つに統一されるでしょう。想いと行動が一つの方向に向かう、一束の矢となって、事態に対して力強くまっすぐに立ち向かい、それを乗り越えることができるのではないでしょうか（図4－3）。

試練からの呼びかけとは、まさに「心」がバラバラになっている私たち（図4－2［七一頁］）に届いているということです。そのとき、試練はこう呼びかけます。

あなたのもともとの動機、「魂」の願いを思い出しなさい（チャージ）。

あなたの「心」の想いと行動を、魂の願いに接続して転換せよ（チェンジ）。

そして、新たな人生の「現実」を開拓せよ（チャレンジ）。

「3つのC」――チャージ・チェンジ・チャレンジとは

それが、試練が呼びかけるということにほかなりません。すなわち、**試練は、**

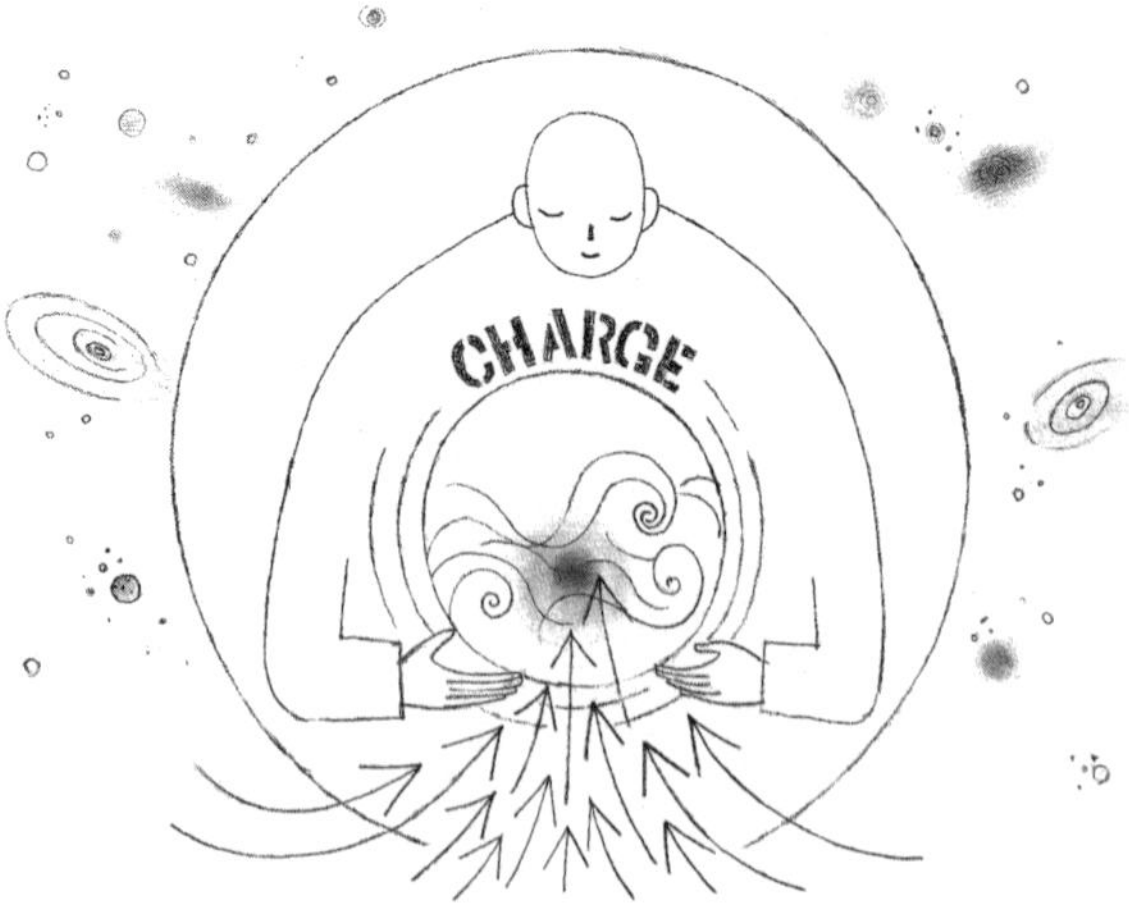

チャージ：もともとの動機＝魂の願いを思い出し、本当の原動力を取り戻す

チャージ(Charge)・チェンジ(Change)・チャレンジ（Challenge）という「3つのC」を呼びかけるのです。

第一の呼びかけであるチャージ(Charge)。チャージとは、充電という意味ですが、ここではただエネルギーを蓄えるというのではありません。私たちが生まれてきた理由、もともとの動機＝魂の願い（魂願）に自分の心を接続し直して、私たちが生きる本当の原動力を取り戻すことを指します。

言うならば、チャージとは、私たちの魂の願いを「思い出しなさい」という呼びかけなのです。魂の次元には、

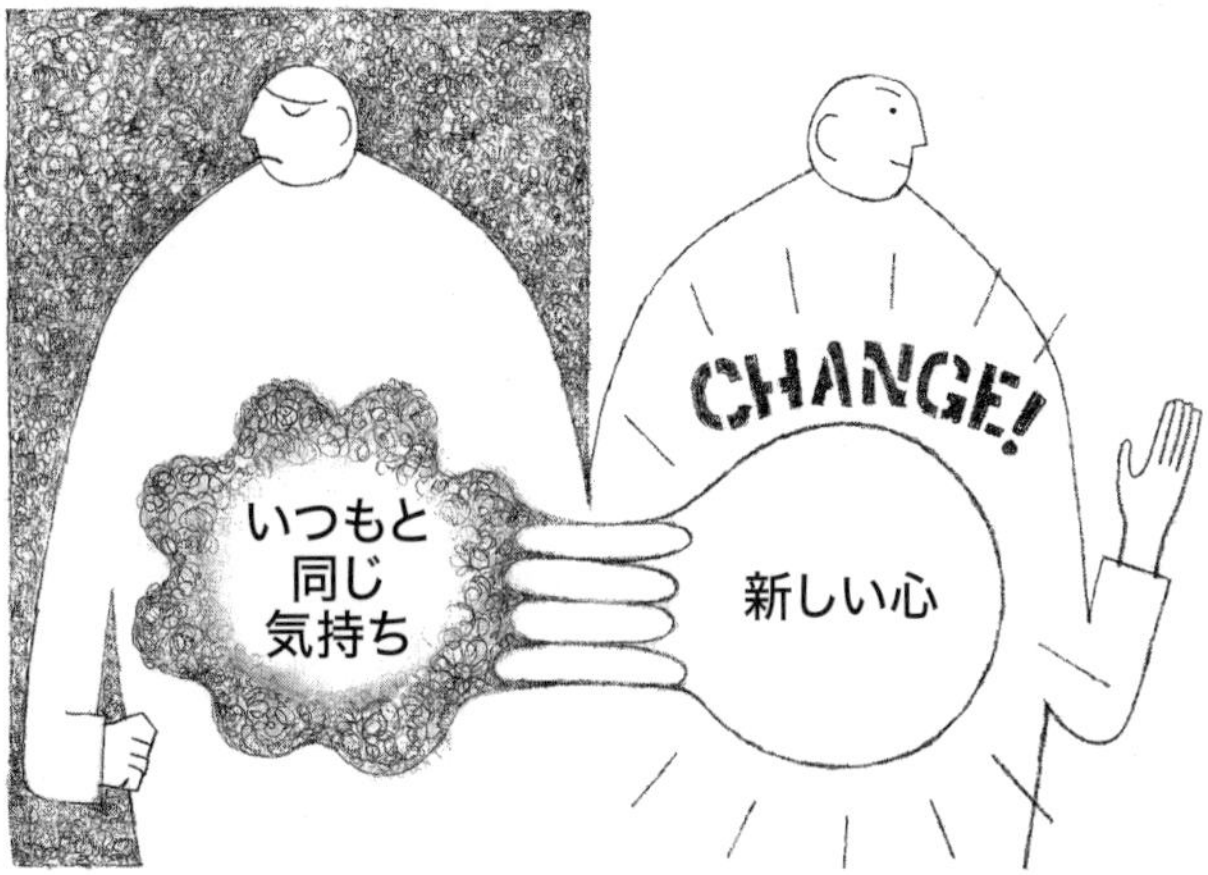

チェンジ： 繰り返してきた「いつもと同じ気持ち」を「新しい心」に転換する

汲めども尽きぬ豊かなエネルギーが湛えられています。魂の願いに接続し直すことができるとき、私たちは、そこから心にエネルギーを汲み出すことができ、揺れていた心が静まり、事態をあるがままに洞察することができるようになり、試練の中に道を切り開いてゆく勇気や智慧が生まれてくるのです。

試練の第二の呼びかけ、**チェンジ（Change）**とは、変わること。私たちの「心」（想いと行動）を、チャージで思い出したもともとの動機、魂の願いに接続して転換することです。事態に対してそれまで繰り返してきた**「い**

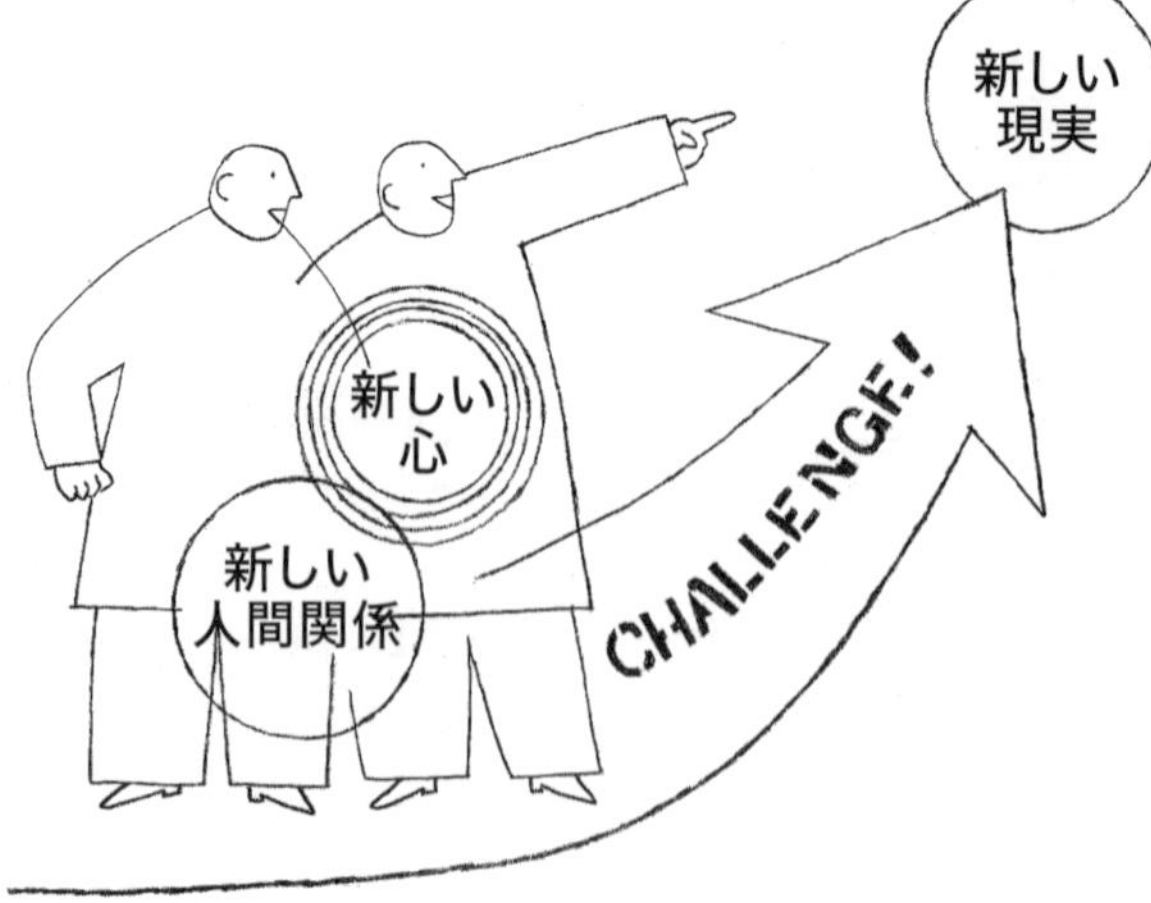

チャレンジ：「新しい心」で「新しい人間関係」をつくり、「新しい現実」を生み出す

つもと同じ気持ち」をとどめて、新たに変わることへと私たちを誘う呼びかけです。試練を前にしたとき、私たちの心の中には様々な想いが浮かびます。

「私に任せておけば、この難局を切り抜けられる」

「まったく頭にくる。こんなことになったのは一体誰のせいなんだ！」

「大変だ、困った。どうしよう、もうダメだ」

「まあ、大丈夫だろう。何とかなるのではないか」等々……。

これら慢心や怒り、またふくらんでゆく不安や予定調和的な根拠のない安心から出た想いこそ、実は問題を増幅してしまう「いつもと同じ気持ち」なのです。試練が呼びかけるチェンジとは、この「いつもと同じ気持ち」から「変わりなさい」という呼びかけなのです。

そして、最後の呼びかけ、**チャレンジ（Challenge）**とは、挑戦すること。新しい心によって、新しい人間関係をつくり、新しい現実を生み出してゆく。自分自身がつくり上げてきた生き方を転換して、新たなテーマや新たな次元に踏み出してゆくことです。

たとえば、今まで避けてきたことに取り組んでみる。いつも誰かに依存していたことを一人で引き受けてみる。また、問題が起きるといつも独断的に動いて他人の話を聞かなかった人が、「自分一人では難しい。多くの助けが必要だ」と考え、周囲の人たちと新たな信頼関係をつくろうとする。あるいは、「どうしよう。もうダメだ」と反応していた人が、「もしかしたら、この試練は私に新しい段階への挑戦を呼びかけているのかもしれない。あきらめないでやってみよう」と新たな気持ちで一歩を踏み出す。それがチャレンジということです。

試練が呼びかけているチャージ・チェンジ・チャレンジの輪郭をおよそ摑んでいただけたのではないでしょうか。

私たちは、チャージ・チェンジ・チャレンジの歩みを通じて、目の前の試練の現実を大きく変えてゆくことができます。そして、試練によってもたらされた恐怖や無力感、癒しがたい心の傷までもが癒され、新たな生きる力がわき上がってくる。また、どうすることもできなかった恨みや憎しみが消えてしまい、温かな光が心に射してくる——。そういったことが本当に起こるのです。

つまり、およそ人間が遭遇するあらゆる「試練」に対して、その試練を最大限に生かす普遍的なステップと、その人が最高に輝いて最善の道を開いてゆく生き方を集約して表現したものが、この「チャージ・チェンジ・チャレンジ」なのです。

その具体的な実践については、9章以降で詳しく述べたいと思いますが、私たちが本当の意味でチャージ・チェンジ・チャレンジを実践するには、その前にいくつかのことがらを理解する必要があります。次の5章から8章まで、それらを一つずつ取り上げてゆきたいと思います。

1～4章には、本書の概要がまとめられています。登山にたとえるなら、あなたは峠に到着したところです。ここで一呼吸して、これまでの歩みを振り返ってみましょう。どのような試練の風景が見えてくるでしょうか。ここではまず、あなたが抱えている試練、解決したい問題を意識化し、それが、あなたに何を呼びかけているのか、チャージ・チェンジ・チャレンジを手がかりとして考えてみましょう。

○あなたが抱えている試練とは、何ですか。
○チャージ…あなたが抱いている、もともとの動機、魂の願いとは何か、考えてみましょう。
○チェンジ…その試練はあなたに、どう変わりなさいと呼びかけていると思いますか。
○チャレンジ…あなたはどんな「新しい心」「新しい人間関係」「新しい現実」をつくることを促されていますか。

5

主導権を取り戻そう

成果主義の時代。結果ばかりを重視するあまり、私たちの心はますます空虚になってゆく。しかし、現実は、いつでも自分の心を映し出している「鏡」である。いかなる現実も試練も、その主導権は、私たち自身の内側にある。それを取り戻すとき、あなたは可能性の未体験ゾーンへと踏み入ってゆく。

「成果主義」の落とし穴

グローバリズム経済の世界的な浸透によって、わが国の企業にも盛んに導入された「成果主義」――。しかし、昨今、それを一因とする様々な問題が明らかになってきています。たとえば、社員同士の「絆」が切れ、かつての日本企業にあった相互信頼や人を育てる力、総合力といった良さが大きく損なわれたことが指摘されています。その影響もあって、様々なストレスからくるうつ病など心の病が増加し、自殺者は十一年続けて三万人を超え、日本人のおよそ四十人に一人が精神疾患を患い、その数は年を追うごとに増え続ける傾向にあ

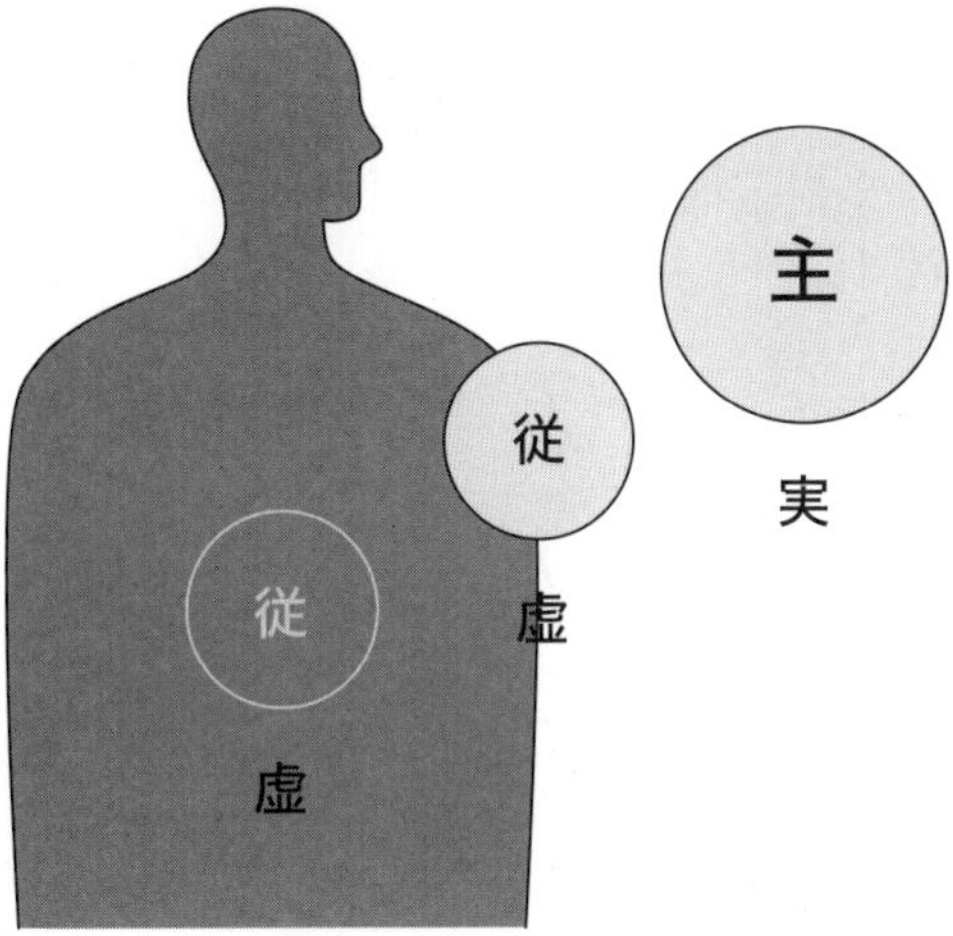

図5-1　成果・結果が「主」（実）、人間は「従」（虚）

るとされています。

業績を上げることが至上命令。たとえ成果を出したとしても、さらなる成果が求められる。応えられなければ、いつ降格され、解雇されるかもわからず、日々、不安とストレスを抱えて働き続けることになる。そんな成果主義によって、いつの間にか私たちの内に浸透してゆくのは、成果・結果こそが「主」であり、人間はあくまでそのための「従」に過ぎないという見方です。

そこでは、「外」に現れる結果だけが実体（「実」）であって、「内」（心と魂）は力がなく、大した意味を持たない、いわば空虚（「虚」）な状態になってしまうとは言えないでしょうか。成果が上がって舞い上がるのも、成果が下がって落ち込むのも、「内」（心と魂）が「外」（現実）に振り回される「虚」の状態であることには変わりがないのです（図5－1）。

もしこの状態で「試練」（問題）と向かい合うなら、どうなるでしょうか。間違いなく私たちの人生は、主導権を失ったまま、事態に翻弄され、乱高下を繰り返さざるを得ないでしょう。

自分で自分を無力にしていないか

試練（問題）がやって来たとき、「どうなっているのか」と、あるがままの現実を受けとめることが大切なのに、ただただ「どうすればいいのか」に心が奪われてしまう。そして、そこから脱け出すために焦って動いて、ますます問題を難しくしたあげく、「もうどうしようもない」「あの人のせいでうまくゆかない」「結局、運がなかったんだ」といった想いに呑まれてしまう……。

もしそうなっているとしたら、あなたは、無意識に、まったく自然に、試練

（問題）の原因を、自分以外の人やものごと、自分の外にある力に見ていることになるのです。

そして、他人を責めていても、「どうしようもない」とあきらめても、あなたは試練に対して無力になってしまいます。「誰かが問題を解決してくれるか、事態が変わってくれない限り、自分はどうすることもできない。何の解決の力もない」と、自分に言い聞かせていることになるからです。そして、それは同時に、自分の中にある可能性を引き出して現実を切り開き、新しい人生を創ってゆくチャンスを放棄していることに等しいのです。

何か問題が起こったとき、嫌なことや困ったことが生じたとき、多くの人が思うのは、「面倒なことが起きてしまった」「こうなってしまった」ということではないでしょうか。つまり、試練（問題）は「外から降りかかってきた」災難だということです。

「外から降りかかってきた」ものだから、自分は被害者で、迷惑と不利益を被っている側――。悪いのは相手であり、世間であり、運であり、〇〇であるということになります。「原因は外にある」としか思えないのです。そうなれば、不安や憤りで気が動転し、思考は空回りして堂々巡りを繰り返してしまうのではないでしょうか。

私たちにとって、ごく自然なこの受けとめ方が、実は私たち自身を「空虚」にし、試練の呼びかけに応えることを阻んでいることが少なくないのです。

試練に対する主導権を取り戻し、その呼びかけに応えようとするなら、私たちは、試練は「外から降りかかってきた」という見方を捨ててみなければなりません。

問題は自分を映し出す「鏡」

実際、外の世界にあるものだけで成り立っている問題などほとんどありません。そればかりか、多くの問題の核心部分は、私たち自身が、外にあるものにはたらきかけて生み出しています。つまり、**「問題の中心に自分自身がいる、自分自身が原因になっている」という捉え方が大切**なのです。

試練（問題）を自分と切り離された「外の問題」と見ている限り、そこに鏡のように映し出されている自分自身についてはまったく気づけないまま、私たちは、外側の他人や事態だけを変えて解決しようと躍起になってしまうでしょう。しかし、それではとても解決などおぼつかず、たとえ解決されたかのように見えても、また同じような問題に見舞われることになるのです。なぜなら、「自分という根本原因」が手つかずのままで置き去りにされているからです。

問題を解決し現実を変革するために、様々な企業や職場で意識改革の必要性が叫ばれることがよくあります。しかし、その多くは、外の現実を重視するあまり、人の意識はあくまで現実を変えるための手段になってしまっているのではないでしょうか。

そうではなく、軸足は、あくまでも自ら自身の心に置くこと。私たち自身こそが、試練（問題）を引き起こしている原因と捉える。そのように受けとめることが、一切を転回させてゆく力となるのです。

「こうなってしまった」から「こうさせてしまった」へ——主導権を奪回する

つまり、今、問題となっている事態に対して、それは「こうなってしまった」のではなく、自分が「こうさせてしまった」と捉えてみるのです。

個人的な問題ならともかく、家族のことや職場のことまで、そのように考えることは、飛躍的な転換です。最初は、「なぜ自分がそこまで背負わなくてはいけないのか。どう考えても自分がそうさせたとは思えない」……と、様々な迷いや抵抗が生じることになるでしょう。確かに、常識からすれば、そこまで引き受ける必要はないかもしれません。しかしそれでも、自分が「こうさせてしまった」と受けとめることから、今まで見えなかった道が開かれるのです。

小学校の校長を務めていた佐々山伸二さん（六十代、仮名）は、まさにその道を歩まれたお一人です。勤務していた学校で、クラス担任の先生が、子どもを叱るときに思わず殴って怪我をさせてしまったという事件に遭遇しました。最初それを聞いたとき、一瞬、「何てことをしてくれるんだ！」という想いがわき上がりました。ところが、校長室に現れたその担任の先生を前に、佐々山さんの口から出てきたのは「申し訳ない。私が悪かった。私の責任です」という言葉でした。振り返れば、この担任の先生には、学級崩壊を起こしかけたクラスの立て直しを二年間続けてお願いしたことがあり、「無理をかけた。自分が彼を追い込んでしまったのではないか」という気持ちがしてならなかったのです。

佐々山さんの言葉を聞いた担任の先生は、思いがけない言葉にその場で泣き出してしまい、事態を前向きに引き受けることに向かってゆきました。

佐々山さんの中には、すでに担任の先生を責める想いはありませんでした。「彼に苦しい想いをさせてしまった」「彼を追い込んでしまったのは私の責任」「彼がやったことは私の責任」と、気持ちが定まっていたのです。その想いで教育委員会や子どもの親御さんにも誠意を持って関わり、事態は見えない力に運ばれるように収束に向かってゆきました。

その経験は、佐々山さんにとって大切なものになりました。

そして、その後、転勤となって赴任した新たな学校で、佐々山さんは、さらに難しい事態に直面することになったのです。

その学校には、ずっと不登校が続いている女の子がいました。親御さんからは「担任の先生に叩かれたショックで学校に行けなくなった。どうしてくれるんだ！　何であの先生を転勤させないんだ！」「新聞に投書します」と連日のように詰め寄られ、「これは訴えられるかもしれない……」と思うような事態が続いていたのです。

佐々山さんは、学校として対応しなければならないことはわかっていても、「これは前任者の問題だろう。後から来た自分が、攻撃の矢面にずっと立たされるのはかなわない」という想いがありました。

しかし、そのたびに怒りのエネルギーをぶつけてこられる親御さんと出会う中で、「このお母さんの気持ちを何とかしなければいけない」と感じるようになり、自らの心を見つめてゆくと、お母さんに対して「あなたが子どもの不登校の原因ではないか。そんなに怒って、子どもに影響を与えないわけがない」と、お母さんを責める想いがあることを発見したのです。

すると、「苦しんでいるのはお母さんであり、お子さんだった。自分もその苦しみを助長させてしまっていたのではないか。自分に原因がある。少しでもお気持ちを軽くしてさしあげたい――」と、この事態を本当に引き受ける心がわき上がってきました。

その後、佐々山さんは、不思議とお母さんと会うのが苦痛ではなくなり、お詫びとともに、できる限りの努力をしてゆくことを伝えてゆくと、お母さんの表情がスーッと変わり、家庭のことなどもいろいろと話をしてくださるようになりました。先生方にも「この問題は私がどこまでも背負ってゆくから」と伝えて協力体制をつくり、事態の改善に取り組む中で、そのお子さんは再び学校に来ることができるようになったのです。

もし、佐々山さんが「これは前任者の責任」という想いを引きずったまま関わっていたら、事態はまったく違ったものになっていたでしょう。

事態を本当に解決したいと思うなら

言い訳(わけ)がしたくなったり、迷(まよ)いや抵抗を感じたりしたなら、そのたびに、「私は、本当にこの事態を何とかしたいと思うのか。それともただ自分を守りたいだけなのか」と問いかけてみてください。友人とのあつれきでも、家族や職場の問題でも、相手のせいや何かのせいにして「自分は悪くない」と考えることはできます。しかし、そう受けとめたら、事態はそのままの状態で動かなくなってしまいます。相手や現実が自(おの)ずから変わるまで待たなければならないからです。

ですから、もし、本当にその事態を解決したいと思うなら、「この問題は、解決できるから、私の目の前に立ち現れた。私が引き受けることを待っているのだ。私もその解決を本当に願っているし、この試練は、私の中から、それを解決できる智慧と力を引き出そうとしている。私はそのために全力を尽くそう」と自分に語りかけ、心を励ましていただきたいのです。

「こうさせてしまった」と捉えるのは、ただそう思い込むということではありません。実際に「どのようにさせてしまったのか」を見つめることです。そして次に、「もし自分が違う関わり方、異なる影響を与えていたら、事態はどうなっていただろうか」と考えてみることです。そのとき、自分には見えなかったことが浮かび上がってきます。さらにその次に、では**「今、自分ができることは何か」**を考えてみることなのです。

試練は、自分という「原因」がつくり出した「結果」。**「こうなってしまった」のではなく、自分が「こうさせてしまった」**——。

そう捉える一歩こそが、私たちを「空虚さ」から救い出して、**主導権の奪回**をもたらすのです。自分の内側に眠っていた智慧と力を呼び覚まし、外の人や世界にはたらきかけて試練を超えてゆく新しい解決と創造の始まりになるのです。

今、抱(かか)えている問題に対して、あなたは「こうなってしまった」と感じますか。それとも「こうさせてしまった」と思いますか。

あなたが今、「こうなってしまった」と感じている場合、もし、あえて自分が「こうさせてしまった」と考えるとしたら、それは何をどのようにさせてしまったと言えるでしょうか。

6

悪くなるには理由がある

ひとたび「試練（問題）」に襲われると、どんどん事態が悪くなり、次々に新たな「試練」がやって来る——。

それは、誰もが体験することではないだろうか。

しかし、もしそこにはたらいている「暗転循環の法則」を知ることができるなら、私たちは暗転にストップをかけ、光転に導く鍵を手にすることができる。

問題が悪化し、次々に連鎖してゆくとき

まるで坂道を転がってどんどん膨らむ雪だるまのように、問題が大きくなっていって、次から次へと厳しい現実を突きつけてくるときがあります。

たとえば、不況の中で立ち現れた会社経営の業績悪化という「試練」（問題）は、当然のように、リストラや従業員の一時待機、賃金カットなどの新たな「問題」を引き起こし、さらに職場では、上司や部下、社員間の関係をギスギスさせ、人間関係の「問題」を生じさせたりするでしょう。給与の削減ということになれば、社員の家計を圧迫して、子どもたちの教育や進学の問題などにも影響し、親子や夫婦の関わりがギクシャクするという、家族の絆の問題にまで発展することもあるかもしれません。そしてそのように、様々な問題が積み重なってゆけば、私たちはどうすることもできなくなってしまう……。

「試練」（問題）を前にして私たちが感じる圧迫は、単に目の前の試練のことだけではなく、その試練がそこにとどまらず、歯止めなく悪化し、手に負えなくなってしまうのではないかという恐れによるものでしょう。どうしてそうなっているのか、わけもわからないまま、次から次に問題が連鎖して循環し、自分や関わる人々が、その大きな渦の中に呑み込まれてゆく――。そのようなとき、私たちは、その中から二度と出られなくなり、まるですべてがダメになってしまうかのような不安と恐怖に襲われるのです。

けれども、不安と恐怖によって膨らんだ妄想に心を惑わされてはなりません。**不安は頭の中にあり、不安という現実はない**のですから。重要なことは、どれほど五里霧中の状況でも、「悪くなるには、悪くなる理由がある」ということです。言葉を換えるなら、「暗転循環の法則がある」ということです。そして、理由がわかれば解決の道は見つけられるのです。

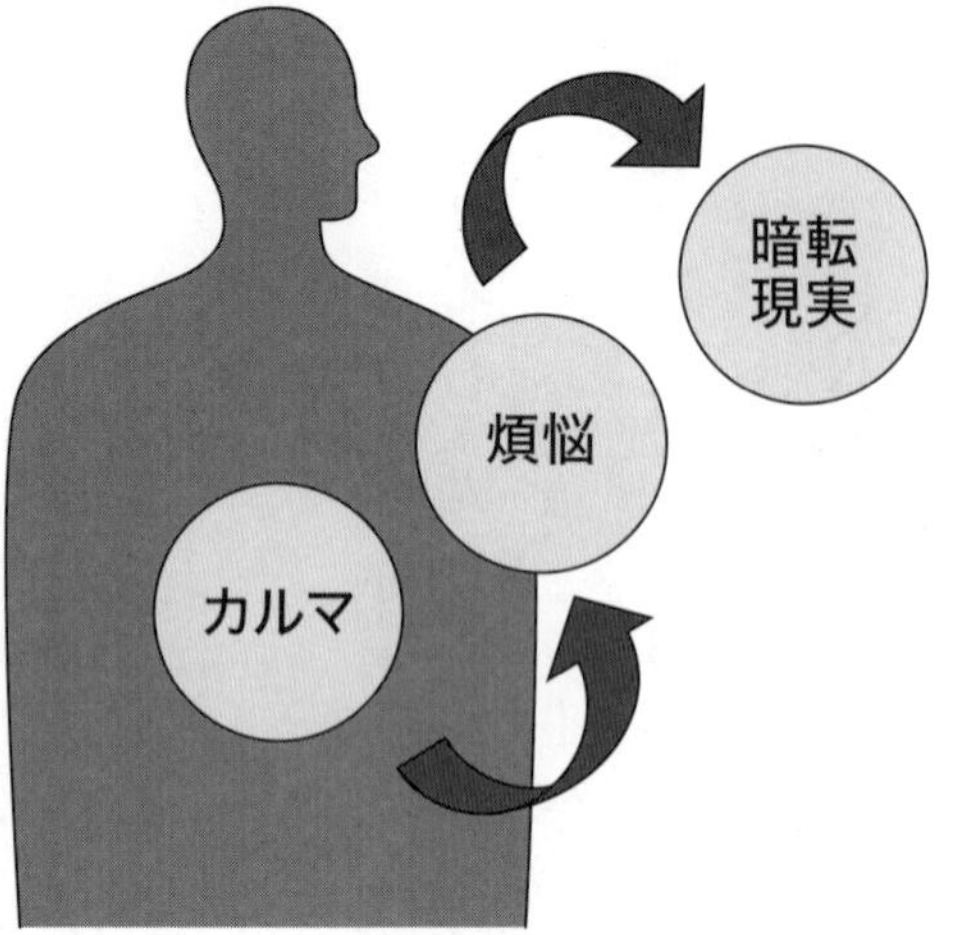

図6-1　「カルマ―煩悩―暗転の現実」という連鎖

暗転循環の法則とは

試練が暗転してゆくとき、そこには決まって一つの法則がはたらいています。暗転の中心には、未熟や偏りを抱えた私たちの心――**「煩悩」**があり、その奥にある魂の**「カルマ」**と響き合って、暗転を増幅し、悪循環を起こしてゆくのです。それは、繰り返し見てきた「魂―心―現実」のつながりが「カルマ―煩悩―暗転の現実」という連鎖になっているということです(図6―1)。

「煩悩」とは、仏教の言葉で、人々の心身を煩わし、悩ませる一切の妄念のことを指しています。大晦日に仏教寺院で除夜の鐘が一〇八回鳴らされることになった所以――人間に存在している一〇八つの煩悩のことを思い浮かべる方もいらっしゃるでしょう。ここでは、私たち自身の未熟や偏りを抱えた心、人格の歪みなどをイメージしていただくと、捉えやすいかもしれません。

その煩悩が事態を暗転させてゆくのは、まずそれ自体の未熟や歪みによるものです。しかし、それだけではありません。煩悩が魂のカルマのエネルギーを呼び込んで増幅し、より大きな混乱や停滞、破壊をもたらすからです。

ここで言う「カルマ」とは、人生を超えて生き続ける「魂」が抱いている根本的な歪み――未熟や弱さ、脆さなどの超えるべきテーマのことであり、「魂」がその中に抱いている闇のエネルギーのことを指しています。その特徴は、無自覚に同じ現実を繰り返し導いてしまう点にあると言えます。

多くの方にとって、「カルマ」は何か縁遠いものに感じられるかもしれません。とりわけ、これまでそうしたことを考えたことのない方なら、なおさらでしょう。しかし、私たちの日常生活の中にも、カルマの痕跡が様々な形で現れているのです。

たとえば、人生を振り返ったとき、仕事でもプライベートでも、いつも誰か に依存し、他人任せになって失敗してしまうなど、**「何度も同じ失敗を繰り返す」**ことがある。

そして、「すぐ怒るのはよくない」と思っていても、ついつい頭に来て切れてしまうなど、**「わかっているのにやめられない」**ことがある。

また、口調の強い人が苦手で、強く言われると、自分の思っていることが言えなくなってしまうなど、**「どうしても乗り越えられない」**ことがある。さらに、「リーダーやまとめ役にはなりたくない」と思っているのに、なぜかそういう立場や役割が持ちかけられるなど、**「逃げていても同じ巡り合わせになる」**ことがある。

他人から見ると取っつきにくい人なのに、自分ではまったくそのつもりがないなど、**「自分では気づけないが、他者からは明らかである」**ということがある——。

いかがでしょうか。これらはすべて自らのカルマを知る手がかりになります。

「心」の中にある「煩悩」は、さらにその奥の「魂」の中にある「カルマ」のエネルギーを呼び込み、響き合い、増幅し合って、次々と**「暗転の現実」**を生み出してしまう——。それが「試練（問題）」を暗転させる法則です。

煩悩を生み出す人生のしくみ

私たち人間にとって、「煩悩」は、いわば生まれ育ちの中で必ず身につけることになる「心」の傾向です。「魂の学」は、その成り立ちをこう説明します。

「魂」が「肉体」と出会うことによって生じる私たちの「心」——。そのとき、「魂」が抱いていた「魂願」と「カルマ」の性質が、**3つの「ち」**という人生の条件によって引き出されて、「心」の傾向がつくられてゆきます。3つの「ち」とは、両親から流れ込んでくるものの見方や考え方、価値観、人との関わり方などの**「血」**、土地から流れ込んでくる常識や価値観などの**「地」**、そして時代から流れ込んでくる、知識や価値観などの**「知」**を表しています（表6－1）。

3つの「ち」は、私たち人間の光の側面以上に、弱さや未熟さ、不足や歪みが澱のように蓄積しているものです。いわば、人間の業の集積のようなもので

表6-1　３つの「ち」

血(ち):	血筋——両親や家系から流れ込んでくる価値観や生き方。たとえば、両親のものの見方・考え方、現実や事態の受けとめ方、人に対する関わり方や行動の仕方、こだわりや偏見など。
地(ち):	地域——国や土地・地域、業界・会社等から流れ込んでくる価値観や生き方。学校や会社、業界等を支配する暗黙(あんもく)のルールや価値観も同様。
知(ち):	知識——時代から流れ込んでくる価値観や情報。江戸時代と現代とでは、職業観や人生観に大きな隔たりがあるように、戦前と戦後に生まれた違いによっても、倫理観や人生観などが異なる。

３つの「ち」（血・地・知）は、私たちに想像以上に大きな影響を与えている。

す。

本書では詳(くわ)しくは取り上げませんが、この3つの「ち」が私たちに与える影響は多大なものです。たとえば、両親が「他人(ひと)を信じるな、信じられるのはお金だけだ」というような人間と世界に対する強い不信感を抱いていれば、それは消し去ることのできないような影響を私たちの「心」に与えてゆきます。逆に「他人にはできるだけ親切にするんだよ。恩義(おんぎ)を忘れてはいけないよ」と言う両親からは人間に対する信頼感が伝わるでしょう。「できないのはダメ、成績が悪ければ意味がない」「人の上に立つ人間になれ」と両

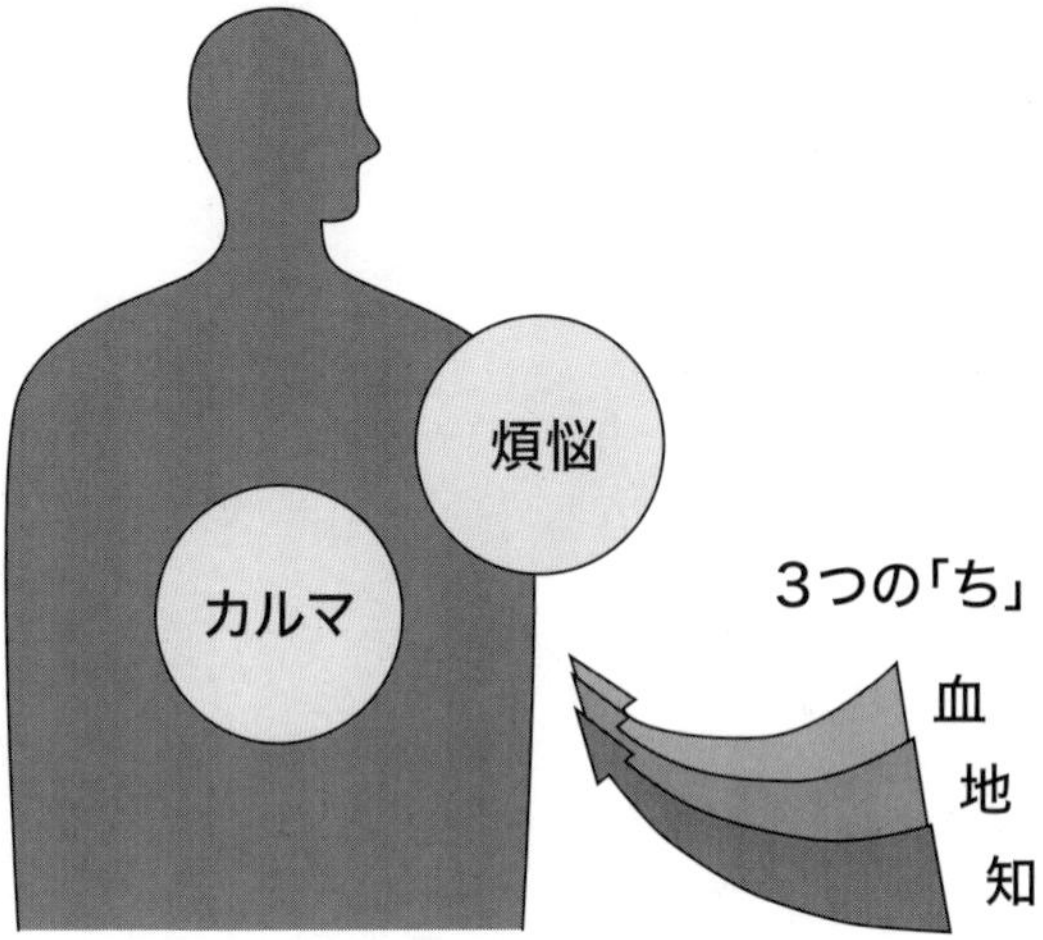

図6-2　3つの「ち」の影響

親がいつも言っていれば、やはりそれらの考え方を無視することはできません。また、地域に残る閉鎖性や差別観、時代に特有の人生観や価値観も、私たちに少なからぬ束縛を与えます（3つの「ち」についての詳細は、拙著『あなたが生まれてきた理由』一一六頁、『運命の方程式を解く本』一一六頁などを参照）。

重要なことは、人間の業の集積とも言える、この3つの「ち」によって、多くの場合、私たちは、「魂」の中から「カルマ」の闇の響きを、その「心」の中により強く引き出してしまうということです（図6－2）。そして人生の経験とともに、一人ひとりの中に、「煩悩」の形をつくり出してゆくのです。つまり、もとより、「煩悩」は「カルマ」と強く結びつき、響き合っているということです。

試練を暗転させる四つの煩悩のタイプ

では、暗転の中心にある「煩悩」とは、一体どのようなものなのでしょうか。それを確かめておきましょう。忘れないでいただきたいのは、本書において、ただ「煩悩」と言うときも、そこには、その奥にある魂の「カルマ」が響いているという事実です。「煩悩」は常に「カルマ」の暗転のエネルギーを供給されていることをイメージしていただきたいのです。

私は、これまで、何千という方々との出会いを通じて人間探求を重ねる中で、人間の「煩悩」には、大きく分けて「四つのタイプ」があると考えてきました（図6－3）。その分類は人間の心の基本的な性質によっています。ものごとを「快・苦」という二つの感覚を基準として受けとめること、そして心のエネルギーの放出の仕方に「暴流」「衰退」の二つのタイプがあることから導

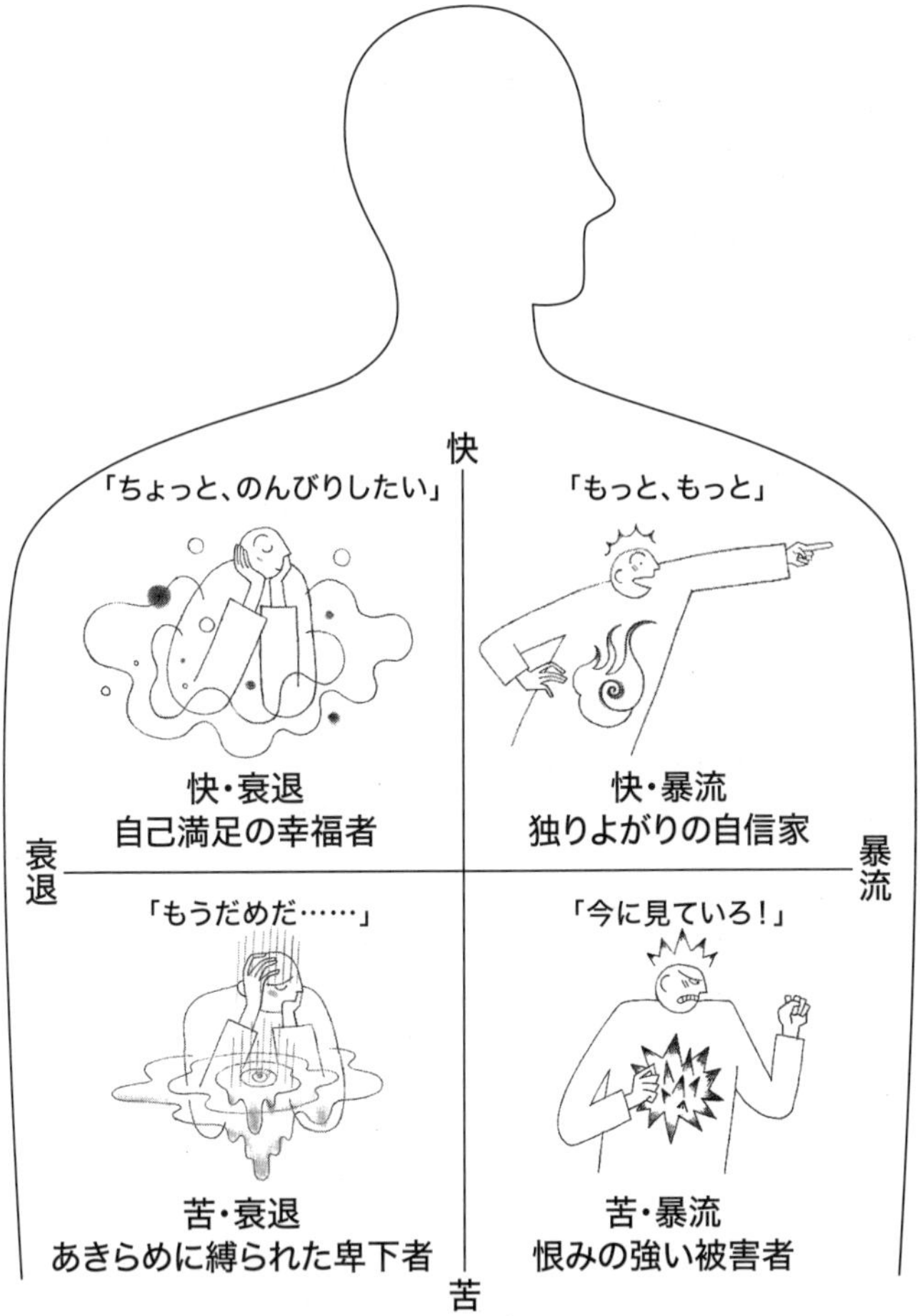

図6-3 煩悩の4つのタイプ

き出されたものです（詳しくは、『あなたが生まれてきた理由』九〇頁等を参照）。

まず、**「快・暴流」＝「独りよがりの自信家」**。ものごとを肯定的、また楽観的に受けとめ、積極的に考えて行動してゆくタイプで、何事に対しても意欲的で、エネルギッシュに取り組み、人間関係でもリーダーシップを取って場を活性化させようとします。そして、その持ち前の明るさゆえに、確かに活性化した状態が生まれることも事実ですが、長続きしません。うまくいっていると感じると、意欲満々に「もっと、もっと」と、いけいけドンドンで突き進み、しばしば問題を大きくしてしまいます。仕事でも何でも人一倍頑張るのに、なぜかいつの間にか周りの人がいなくなっていたり、パートナーから反旗を翻されたりするのです。自分に都合よく歪曲してものごとを受けとめ、自分の言う通りにするのが一番と思い込み、その結果、他人の意見を聞かずに、支配的に関わるために周囲は嫌になってしまうのです。常に「自分の方が上」と優位の意識で接すること、欲しいものを何としても手に入れたいという欲得が強いのも、この煩悩の傾向です。

次に、**「苦・暴流」＝「恨みの強い被害者」**は、ものごとを否定的、また悲観的に受けとめ、攻撃的に考えて行動してゆくタイプで、人一倍、正義感や責任感が強いことが特質です。全体のことを考え、責任感を持って妥協せずにやっているという信念を抱いていますが、不信感のために人間関係を壊して、しばしば問題を硬直化させてしまいます。正しいことを訴えているつもりでも周囲の人間関係がぎくしゃくしたり、責められたと感じると切れたように相手を攻撃してしまったりします。ものごとの問題点や不足にばかり目がいき、声を上げて指摘せずにはいられなくなるのです。その基には、「いつも自分は正しく評価されていない」「世界や他人はいつでも自分の利益を奪い去ってゆく悪意あるもの」「今に見ていろ！」という不満と不信が渦巻いていて、何かきっかけがあると、それが噴出してしまうのです。

「快・衰退」＝「自己満足の幸福者」は、ものごとを肯定的、また楽観的に受けとめ、融和的に考えて行動してゆくタイプで、平和を愛し、皆が穏やかで、仲良く、和気あいあいとした世界が生まれたらどんなにいいだろうと思い、自らもまた、そうありたいと願っています。でも、いつの間にか場は停滞してマンネリ化し、また突然のように平穏な現実を脅かす事態が表面化し、対処不能な状態に陥る、といったことも少なくありません。

うまくいっていると感じると、「ちょっと、のんびりしたいな」「こんな感じでいいだろう」とつぶやいて急にエネルギーを落としてしまうのです。求める水準が曖昧で低いために「まあ、こんなもの」とすぐに満足したり、誰か頼りになりそうな人がいるとすぐに依存したりして、安心や楽になることを求めるあまり、事態を停滞させ、混乱に陥らせるのです。

最後に、**「苦・衰退」＝「あきらめに縛られた卑下者」**は、ものごとを否定的、また悲観的に受けとめ、消極的に考え行動してゆくタイプで、何ごとも着実に、誠実に進めようとします。また、企画や計画などが孕む問題点や危険性によく気づき、安全性や確実性を高めてゆく力があります。しかし、一方で、何事にも慎重になりすぎてしまい、一歩も前に進めなくなったりするところがあります。いつも不安や恐れを抱え、「行く手には障害や壁が現れて、きっと行き詰まる」「もうダメだ」と考え、挑戦する前にやめてしまったりします。また、問題が起こらないようにと気を遣い、心を尽くしているつもりでも、周りの人にはそんな気持ちが伝わらず、「何を考えているのかわからない！」と逆にイライラさせてしまったり、また重い気分に影響されて皆が沈鬱(ちんうつ)な気持ちになってしまうのです。

いかがでしょうか。これらの「煩悩」のタイプのいずれであろうと、その「煩悩」に支配されていたら、目の前の試練（問題）を解決することができるでしょうか。それとも、新たな問題が生じて暗転せざるを得ないでしょうか。答えは言うまでもありません。

そして、目の前の試練（問題）そのもの、その現状自体が、その「煩悩」によって引き出され、生み出されていた部分があったのではないかと確かめることも大切です。

自分にどの「煩悩」が現れることが多いか、ぜひ考えてみましょう。それぞれの「煩悩」のタイプに自分を当てはめ、振り返ってゆくとき、きっと「試練」（問題）を暗転させる原因と法則が見えてくるに違いありません。

一〇〇〜一〇五頁を参考にして、試練を暗転させてしまう、あなたによく現れる「煩悩」のタイプ（快・暴流／苦・暴流／快・衰退／苦・衰退）をチェックしてみましょう（詳しくは、巻末の「自己診断チャート」にお取り組みください）。

その煩悩を抱くことによって、あなたは自分では気づかなくても同じ言葉をつぶやき、その傾向を知らない間に強めています。あなたが自分の中で発している「つぶやき」も意識化してみましょう。

7

なぜ「呼びかけ」に応えられないのか

試練からの呼びかけに応えて新しい生き方を始めるときが来た。
けれども、その呼びかけを聴くことは、思いのほか難しい。なぜなら、誰もがその内に抱える「煩悩」によって、事態から誤ったサインを取り出すからである。
そればかりか、暗転の現実を増幅する「魔境」をつくり出し、そこから脱け出せなくなってしまうのである。

誰もが「煩悩」によって誤ったサインを取り出す

試練は呼びかける——。

苦しく嫌なものでしかなかった問題や困難は、実は私たちに新しい未来、魂の願いを呼びかけています。それは、私たちを試す試練として立ち現れ、私たちに必要な呼びかけを届けてくれるのです。

その呼びかけとは、一言で言えば、チャージ・チェンジ・チャレンジ——。

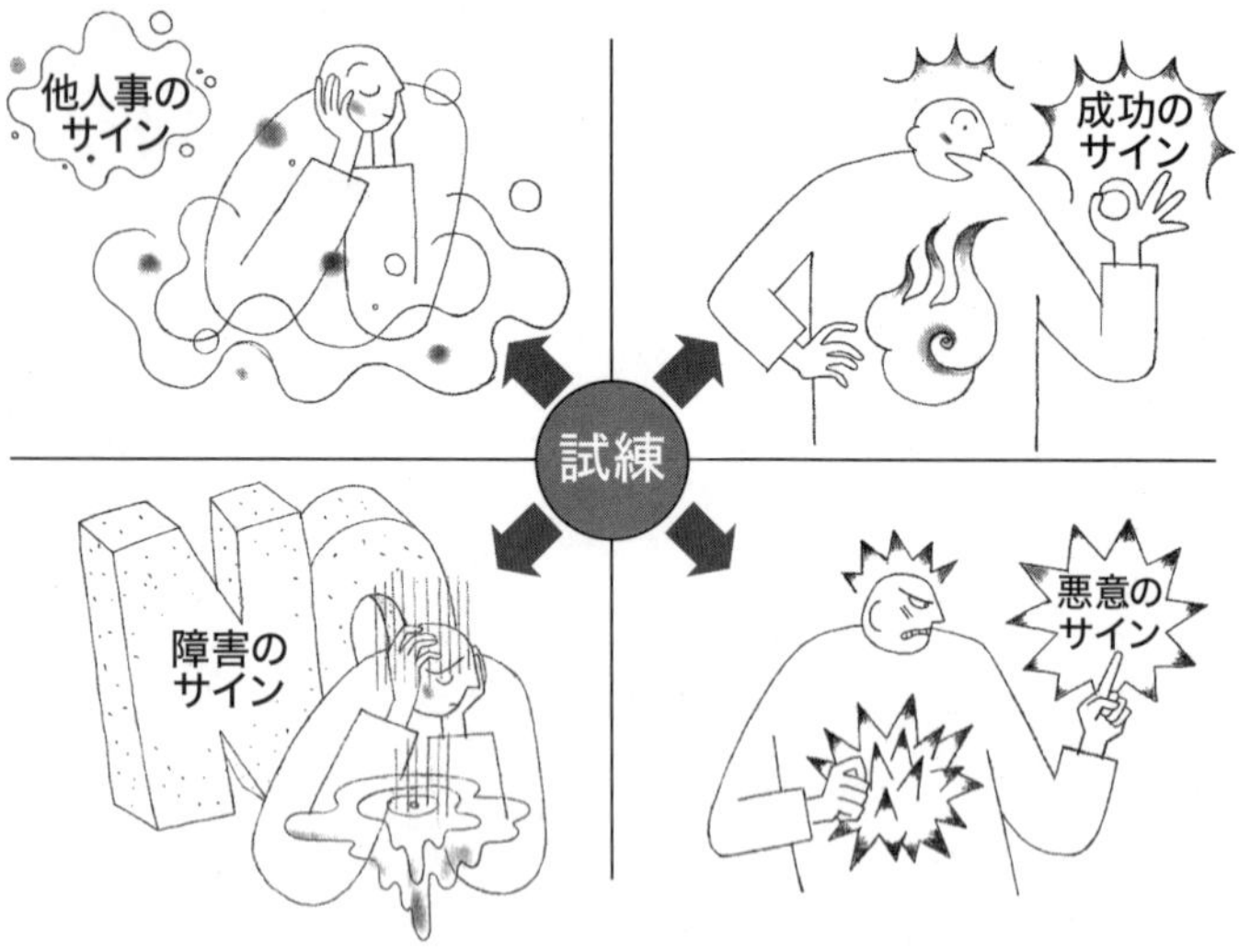

図7-1　「煩悩」が、事態から「誤ったサイン」を取り出してしまう

私たちが心の奥深くにある願いを思い出し、心をその願いに接続して生き方を転換し、新たな人生のステージに向かってゆくということです。私たちは、これから、その呼びかけを聴き、それに応える新しい生き方を始めようとしています。

しかし、試練（問題）を前にして、そこに呼びかけられている声を正しく聴くということは、実はなかなか困難なことです。なぜなら、私たちは、人生の中で、それぞれ特有の「煩悩」を抱いているからです。前章で見たように、心が「煩悩」に覆われていると、暗転の事態をつくり出すだけでなく、いざ呼びかけを聴こうとしたとき、事態をあるがままに受けとめることができず、誤ったサインを取り出してしまうのです（図7－1）。

たとえば、**快・暴流＝独りよがりの自信家**の「煩悩」を抱く人には、問題があっても「たいしたことはない」と歪曲して受けとめる傾向が強くあります。試練を前にしても、試練を試練と思わずに、「うまくいっている」と思ってしまうのです。言うならば、事態から**「成功のサイン」**を取り出してしまうということです。

苦・暴流＝恨みの強い被害者の「煩悩」を抱く人は、事態に対して、常に懐疑的、批判的に接する傾向があります。試練がやって来たとき、まず考えるのが、「どうしてこんなことになったんだ。一体誰がやったんだ」ということ。理不尽にも自分に不利益をもたらしたのは誰で、何かということです。試練は、自分から何かを奪おうとしている悪意の現実でしかありません。つまり、事態から**「悪意のサイン」**を取り出してしまうのです。

また、**快・衰退＝自己満足の幸福者**の煩悩を抱く人は、問題が起こっても、予定調和的に、「まあ、大丈夫だろう」と慢心して受けとめがちです。切実な問題でも奇妙な余裕を抱いてしまい、事態と密着することができません。うまくいかなくなっても、「きっと誰かが何とかしてくれるだろう」と自分事として受けとめることができないのです。言うならば、事態から**「他人事のサイン」**を取り出してしまうということです。

そして**苦・衰退＝あきらめに縛られた卑下者**の「煩悩」を抱く人は、事態のマイナス面を大きく捉える傾向が強く、そのためにしばしば「私には無理」「もうダメ」と立ち往生してしまいます。そこにある壁や困難を探して挙げ連ね、最初から投げ出してしまったりするのです。つまり、事態から**「障害のサイン」**ばかりを取り出してしまうということです。

「煩悩」を抱く私たちが目の前の現実から取り出すのは、「成功のサイン」「悪意のサイン」「他人事のサイン」、そして「障害のサイン」——。それでは、試練が本当に呼びかけている声を受けとめることはできません。

この誤ったサインを取り出す「煩悩」の仕業は、一度できあがると一つの轍となって、私たちの人生に繰り返し現れ、その都度、呼びかけを聴かせなくしてしまいます。いいえ、それればかりか、試練（問題）自体を悪い方に増幅してゆくのです。事態を一層悪化させ、取り返しのつかない状態にしてしまうと言っても過言ではないのです。

「いつもと同じ気持ち」「いつもと同じ人間関係」「いつもと同じ結果」という「魔境」

その状態を、私は**「魔境」**と呼んでいます。

これまでの人生を振り返ったとき、どうしてそんな事態に陥ってしまったのかわからない、なぜかわからないが、うまくいかなくなってしまった。目の前の試練を何とかしようと頑張るのに、事態は悪い方にどんどん傾いてゆく。なぜかいつも同じようになってしまう……。そんなことはなかったでしょうか。そこには、この「魔境」が関わっていることが少なくありません。

「魔境」とは、文字通り、「魔物の住む世界」のことを言います。人を迷わせたり、破滅に導いたりするものを人々は「魔物」と呼び、恐れてきましたが、私たちが抱いている「煩悩」がその「魔境」をつくり出すのです。

「煩悩」が決まって「心」に生み出す、歪みを抱えた**「いつもと同じ気持ち」**。

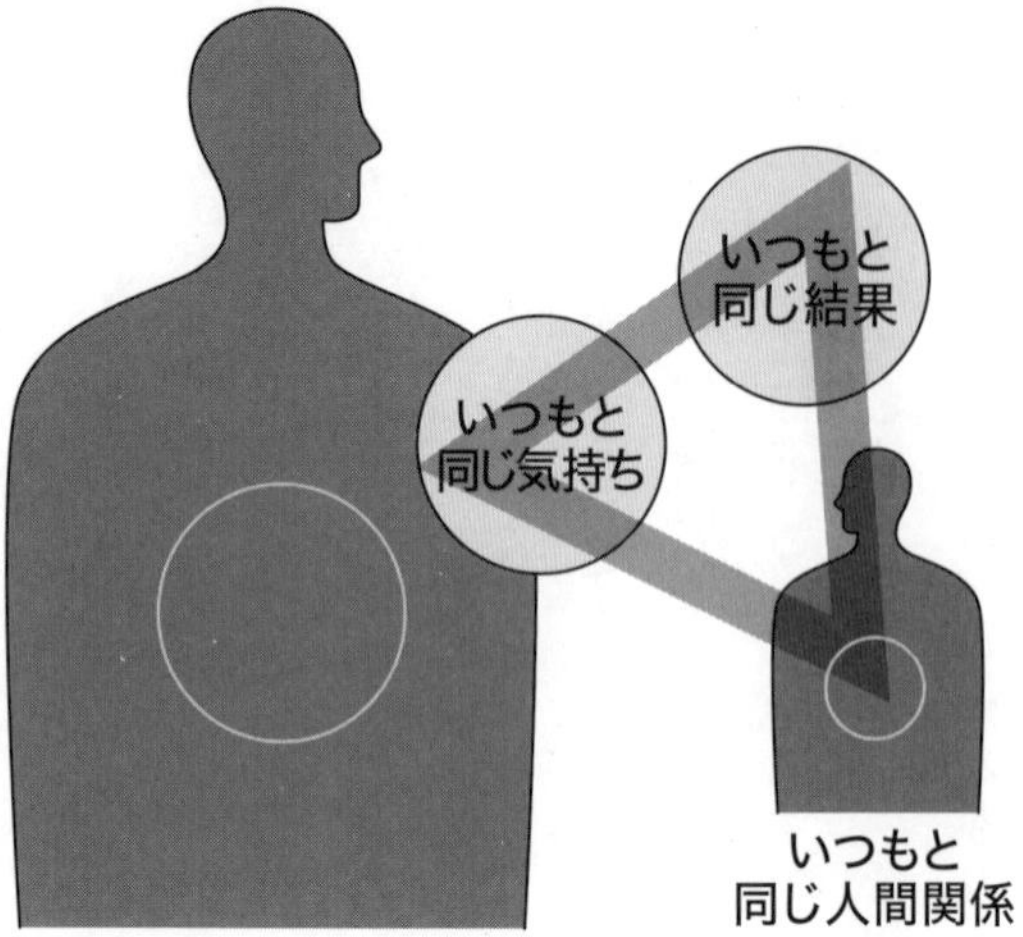

図7-2　いつもと同じトライアングル（魔境）

その想いで関わることによって生まれてしまう、歪んだ**「いつもと同じ人間関係」**。そして、その「いつもと同じ気持ち」と「いつもと同じ人間関係」によって生じる問題だらけの**「いつもと同じ結果」**。この三つの要素の相互作用によってつくられる三角形＝トライアングルこそ、負（ふ）の磁場（じば）をつくり出し、暗転循環（あんてんじゅんかん）によって事態をどんどん悪化させてゆく「魔物の住む世界」＝「魔境」であったということです（図7－2）。

この**「いつもと同じトライアングル」**＝「魔境」の中心は、私たちの「心」の「煩悩」です。重要なことは、私たちの誰もが例外なく抱いている「煩悩」が原因となって、「いつもと同じ気持ち」を生み出し、「いつもと同じ人間関係」をつくり、「いつもと同じ結果」を生み出す魔のトライアングルをつくり上げて、私たちをいつの間にか、暗転の現実を増幅し続ける魔境の主に仕立ててしまうということなのです。

あなたがつくり出す「魔境」を見抜く

では、具体的に、私たちがそれと知らずつくり出してしまう「魔境」とはどのようなものなのかを、四つのタイプ別に考えてみましょう。

まず、**快・暴流＝独りよがりの自信家**の「煩悩」を抱く人は、試練に出会うたびに、そこから「成功のサイン」を取り出して「自分はわかっている」という優位の気持ち、また「自分だけが手柄を立てたい」「チャンスがあれば、全部自分に集めたい」といった手応え、興奮で関わり続けます。その「いつもと同じ気持ち」によってつくられる「いつもと同じ人間関係」は、「自分の言うことを聞きなさい」「言うことを聞いたら、守ってあげる」「利益をあなたに分けてあげよう」……というように、相手を支配するための契約関係に過ぎません。相手の身になって考えたり、相手のために協力するのではなく、あくまでも自分の欲望を達成するための手段としてしか相手を見ようとしないのです。

当然、深く心を通い合わせる同志にはなり得ず、何らかのきっかけでその関係が一度崩れると、蜘蛛の子を散らすように散り散りバラバラになってしまいます。そして、最後はいつも孤軍奮闘となり、やがて力尽き、計画が破綻してしまうという「いつもと同じ結果」を招くことになります。

次に、試練からいつも「悪意のサイン」を誤って取り出してしまう**苦・暴流＝恨みの強い被害者**の「煩悩」を抱く人がつくり出す魔境です。「いつもと同じ気持ち」は、「こんなにやっているのに、理解されないのは理不尽」「私が一番考えている」「私の考えは間違いない」という気持ちです。そして、この気持ちによって生まれる「いつもと同じ人間関係」は、正論を振りかざして、「ここがおかしい」「あなたが悪い」「○○が悪い」と他を批判し、責めるので、緊張した冷たい関わりになってしまいます。そして、「いつもと同じ結果」は、「それならいい！」と切れて事態を投げてしまい、破壊的な現実だけが残ってしまうのです。その魔境のトライアングルが回るほど、その磁場は、冷たく殺伐としていってしまうのです。

では、試練から**「他人事のサイン」**を誤って取り出す**快・衰退＝自己満足の幸福者**の魔境はどうでしょうか。「いつもと同じ気持ち」は、「そこそこ大丈夫じゃないか」「わざわざ何かする必要もない。どうにかなる。今までだってどうにかなってきたんだから」といった気分が支配的です。その気持ちから生まれる「いつもの人間関係」は、ほどほどに仲が良く、差しさわりのない人間関係ということになります。痛いところには触れず、表面的で当たらずさわらずの関係なので、摩擦や問題も起こりませんが、強い絆や緊密な連帯関係には発展しません。そして、「いつもと同じ結果」は、結局時間切れとなり、発展的、創造的な現実を生んだり、試練を見事に超えてゆくような結果を残すことができず、マンネリと停滞ばかりを繰り返してしまいます。「時間は十分あったのに、こんな結果に終わってしまった。もっとできたはずなのに、どうしていつもこうなのだろう……」といった気持ちだけが残ることになります。

試練と遭うと**「障害のサイン」**を取り出してしまう**苦・衰退＝あきらめに縛られた卑下者**の場合、「いつもと同じ気持ち」は、「自分には無理。自信もないし、どうせうまくいかない」といった想いです。そこから生まれる「いつもと同じ人間関係」は、後ろ向きの気持ちを引きずった、重く鈍い関わりです。自分は謙虚に振る舞っているつもりでも、周囲から見れば気を遣って励まさなければならない相手。その中で、だんだん元気がなくなり、人との比較や自分に対する否定的な想念に圧迫されて、意欲がどんどん減退し、早々と事態をあきらめたり、自分の中に閉じこもって動けなくなったりしてしまう。それが「いつもと同じ結果」になってゆきます。魔境のトライアングルが回るほど、あたかもブラックホールのように、負の磁場に引き込まれて、どうすることもできなくなってしまうのです。

これらをまとめたのが表7－1です。

この「魔境」について、わかりやすく野球を例にして、少し見てみましょう。

野球では、言うまでもなくチーム全体を統率しながら具体的な作戦の采配を振る監督と、その監督の指揮のもとでプレーを行う選手たちによってゲームは進められてゆきます。

監督が「快・暴流」＝「独りよがりの自信家」の「煩悩」に支配されている

表7-1 4つの煩悩がつくり出す魔境

煩悩のタイプ	いつもと同じ気持ち	いつもと同じ人間関係	いつもと同じ結果
快・暴流	「自分はわかっている」という優位、「チャンスがあれば全部自分に集めたい」という手応えを求める想い	「人は自分の目的や欲望を達成する手段」として関わる支配的な人間関係	最後はいつも孤軍奮闘となり、やがて力尽き、計画は破綻する
苦・暴流	「こんなにやっているのに、理解されないのは理不尽」「私が一番考えている」「私の考えは間違いない」	正論を振りかざして「ここがおかしい」「あなたが悪い」と他を批判して責める、緊張した冷たい関わり	「それならいい」と切れて事態を投げてしまい、破壊的な現実だけが残る
快・衰退	「そこそこ大丈夫じゃないか」「わざわざ何かしなくてもどうにかなる。今までだってどうにかなってきたのだから」	ほどほどに仲が良く、当たらずさわらずの関係。摩擦や問題もないが、強い絆や連帯関係は生まれない	発展的、創造的な現実を生んだり、試練を超えてゆくような結果を残せず、マンネリと停滞を繰り返す
苦・衰退	「自分は無理。自信もないし、どうせうまくいかない」といった自己不信、自己卑下の想い	自分に対する否定的な想いに圧迫されているため、周囲は気を遣うという重く鈍い人間関係	早々と事態をあきらめたり、自分の中に閉じこもって動けなくなったりしてしまう

と、「自分が一番わかっている。自分の言う通りにやれ」（いつもと同じ気持ち）という想いから、一方的な命令・通達で選手たちに関わることによって（いつもと同じ人間関係）、選手たちの自主性が低下してしまい、一人ひとりが本来持っている能力が十分に発揮されなくなってしまいます（いつもと同じ結果）。そしてその結果に、監督はますます命令・通達を強めるのです。

また、監督が「苦・暴流」＝「恨みの強い被害者」の「煩悩」を抱いていると、「何をやっているんだ！」「どうしてできないんだ！」（いつもと同じ気持ち）という想いが心に渦巻き、批判・罵倒することによって、選手が萎縮したり反感を抱いたりする関係が生じてしまい（いつもと同じ人間関係）、プレーそのものに注ぐエネルギーが低下して結果を出すことができなくなります（いつもと同じ結果）。すると、その不甲斐ない状態に対して監督は一層、批判・罵倒を強めてしまいます。

監督が「快・衰退」＝「自己満足の幸福者」の「煩悩」を持っている場合は、「まあ、なんとかなるでしょう」「楽しくやってゆこう」（いつもと同じ気持ち）といった想いから、チーム全体に切磋琢磨し合って高いレベルを目指してゆく関係が生まれません（いつもと同じ人間関係）。全体が低水準にとどまり、その状態でゲームに向かっても、良い結果を出すことはなかなか難しいでしょう（いつもと同じ結果）。それでも監督は「まあ何とかなる」と受けとめて、その状態を繰り返してしまうのです。

さらに、監督が苦・衰退＝「あきらめに縛られた卑下者」の「煩悩」を抱いていると、「また負けるんじゃないか」「うちのチームはダメだな。どうせうまくいかない……」（いつもと同じ気持ち）といった監督の想いがチーム全体に広がり、選手たちも重い気分に支配され、互いに積極的に協同し合えない関わりが生まれてしまいます（いつもと同じ人間関係）。そうなると、いわゆる「負け癖」がついてしまい、連敗から脱出できなくなることもあるでしょう（いつもと同じ結果）。

これらの「魔境」ができあがると、私たちはそこから一歩も脱け出せずに堂々巡りを始め、事態をどんどん暗転させ、暗転循環を生み出してゆかざるを得ません。魔境は、暗転の事態をきわめて効率的に生み出すのです。そのトライアングルにとどまる以上、私たちは事態を光転させることは絶対にできません。それが、魔境の魔境たる所以なのです。

あなたの煩悩が、つい取り出してしまう誤ったサインとは何でしょう。表7−1を参考にしながら、あなたが試練に遭うとき、つくり出してしまう「魔境」を確かめておきましょう。

具体的な体験を念頭に置きながら、自らがどのような「いつもと同じ気持ち」「いつもと同じ人間関係」「いつもと同じ結果」をつくっているのか、考えてみましょう。あなたのこれまでの人生の中で、その「魔境」が現れたときのことを思い出してください。

8

試練に道を開く「光転循環の法則」

試練に道をつける〝勝利の方程式〟——。
その答えは、あなたの内に輝く「菩提心」という智慧と力にある。
魔境のエネルギーを絶ち、もっとも深い可能性を開いて調和と創造を実現する、
ひとすじの希望の道。現状を打破し、未来を開く「光転循環の法則」とは——。

〝ポジティブ・シンキング〟では超えられない時代

「私が一番わかっている。自分だけがいい目をみたい」

「こんなにやっているのに。誰もわかってくれない」

「そこそこでよい。わざわざすることもない」

「私には無理。自信もないし、どうせうまくいかない」


これらの「いつもと同じ気持ち」から始まる「魔境」のトライアングル——。

心と人間関係と現実の三つを結ぶ、闇の三角形は、私たちの仕事だけではなく、

人生のあらゆる時と場で、混乱や破壊、絆の断絶といった様々な痛みや心身の問題、行き詰まりの現実をもたらしてしまいます。では、どうすれば、私たちは魔境に陥らず、陥ったとしてもすぐに脱け出して生きてゆくことができるようになるのでしょうか。

世の中には、とにかく自分を信じて積極的、前向きに、ポジティブ・シンキング（積極思考・プラス思考）で生きてゆくという考え方があります。ポジティブ・シンキングとは、一言で言えば、否定的、悲観的（ネガティブ）な発想や行動に陥ることなく、常に明るく前向きに生きてゆこうとするものです。過去の失敗を振り返って嫌な想いになるよりは、気持ちを切り替えて前向きに生きる。しかし、そのようにして一見明るくエネルギーにあふれて仕事をしていた人が、ある日突然、仕事が手につかなくなって燃え尽き、ときにはうつ病にまでなってしまう――。そのような〝ポジティブ・シンキング症候群〟にかかる人が増えていると言われています。

また、ポジティブ・シンキングに対して、自分の弱さや思うにままならない現実を受け入れて、無理をせずに生きてゆこうとする考え方もあります。ただ、それだけでは活力が失われたり、停滞や衰弱に陥ったり、まだ可能性があって成長できるにもかかわらず、自ら限界をつくることにもなりかねません。

もちろん、すぐに否定的になり悲観的になりやすい人が、自分を励まし明るく肯定的に生きてゆこうと努めたり、どうしても自分を責めてしまう傾向の強い人が弱点を認め、受け入れようとすることは大切なことでしょう。

しかし、自分の心の魔境にしっかりと向かい合わないまま、ただ前向きに積極的に生きようとしても、結局は壁に突き当たり、自分自身の心の闇に足をすくわれることになってしまいます。そしてそれは、ただ弱さを受容しようとすることも同じです。多くの問題が山積する今、単なる積極思考や弱さの受容だけでは通用しない時代に私たちは生きているとは言えないでしょうか。

私たちが魔境から脱して本当の意味で自由になり、前向きな気持ちで建設的に生きてゆく道があります。人間と世界、宇宙・自然を動かしている理に従って、あなたという存在のもっとも深くに眠る可能性と個性にはたらきかけ、花開かせてゆく道——。それを「光転循環の法則」と呼びたいと思います。

光転循環の法則――鍵は「菩提心」にある

試練（問題）を暗転させる原因、「煩悩」がつくり出す「魔境」から私たちを脱出させ、さらに試練を転換することにおいて、決定的な鍵となる「心」があります。それは、闇のエネルギーを引き込んで自分の周囲に様々な暗転の現実を生み出す「煩悩」とは対極にあり、周囲に光のエネルギーを導くものです。その「心」を、**「菩提心」**と呼びます。

では、「菩提心」とは、一体どのような心なのでしょうか。

私たちの中には、困っている人がいれば、思わず「助けたい」と思い、悩み苦しんでいる友を見れば、「相談に乗って力になりたい」という自然な気持ちがあります。人との絆が切れて孤立した人間関係に苦しむ人、心や身体の痛みに苦悩する人、破壊や混乱の現実の中で涙する人々を見たとき、「何とかしたい」と願う心が誰の中にもあります。痛みには歓びを、混乱には調和を、停滞には活性を、破壊には創造を求める心――。そうした人間の中に息づく光の本質が、「菩提心」です。

もともと「菩提心」とは仏教の言葉で、「菩提（＝悟り）を求めて仏道を歩も

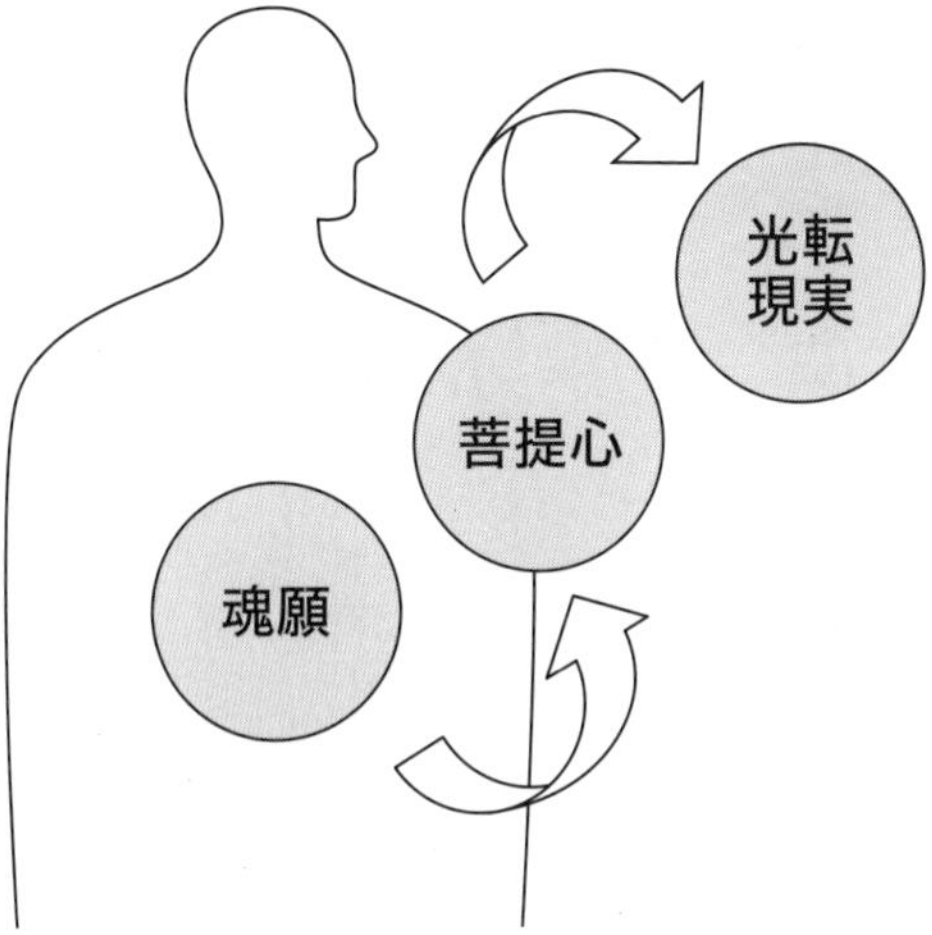

図8-1　「魂願―菩提心―光転の現実」という連鎖

うとする心」を指します。しかし私は、もっと広い意味で、「菩提心」とは「**本当の自らを求め、他を愛し、世界の調和に貢献する心**」と定義しています。

私たちが「煩悩」に換えて、その「菩提心」を心に抱く（原因）とき、結果として「光転の現実」が必然的に生み出されてくるのです。試練（問題）をますます暗転させてしまうのが、「**カルマ―煩悩（魔境）―暗転の現実**」という原因と結果の法則（九四頁参照）であったのに対して、問題を解決して現実を光転させてゆくのは、「**魂願―菩提心―光転の現実**」という法則なのです（図８－１参照）。

「菩提心」は、多様な響きと輝きを持っている心です。そのすべてを言葉に尽くすことはできませんが、私は、宇宙と自然の姿の中に典型的な「12の菩提心」を見出しています。それは、**「月の心」「火の心」「空の心」「山の心」「稲穂の心」「泉の心」「川の心」「大地の心」「観音の心」「風の心」「海の心」「太陽の心」**です。

その「12の菩提心」の特徴を一覧としてまとめたものが、表8－1です。それらは、宇宙、自然の中に遍在する光を12の側面から捉えたものであると同時に、それらと映し合い、響き合うように私たち一人ひとりの深奥に内在している光です（「菩提心」の詳細については、拙著『12の菩提心――魂が最高に輝く生き方』［三宝出版刊］を参照）。

煩悩を転換する菩提心

これらの「12の菩提心」は、私たちの「煩悩」を転換させる力を抱いているのです。

たとえば、**快・暴流＝独りよがりの自信家**の煩悩である「自分が一番わかっ

表8-1 「12の菩提心」の特徴

月の心	隣人をひそやかに陰で支えることができる陰徳の心
火の心	本当に大切なものに一心にまごころを尽くす熱き心
空の心	何ごとにもとらわれず、無心に生きる自由な心
山の心	いかなる苦難や試練にも揺らぐことがない不動の心
稲穂の心	実るほどに頭を垂れる、 黄金の「稲穂」のごとき感謝の心
泉の心	道なきところに道を切り開き、 不可能を可能にさせることができる智慧の心
川の心	一切のとらわれやこだわりを 洗い流すことができる清らかな心
大地の心	大地のごとく、あらゆる存在を育み、その可能性を 開花させることができる、子を育てる親の心
観音の心	相手の苦しみを全身全霊で受けとめ、 その痛みを取り除こうとする慈悲の心
風の心	誰の心にも我意を超えた願いを蘇らせる、 颯爽とした「風」のような無垢な心
海の心	あらゆる個性を包容して、 全体を一つに結ぶことのできる広き心
太陽の心	いかなる闇をも照らし、 いかなる寒さをも和らげる、「太陽」のような愛の心

ている」という優位や、「自分だけがいい目をみたい」という欲得の傾向に対しては、「12の菩提心」の中の、**「月の心」「稲穂の心」「観音の心」**が、それをとどめてくれます。

「月の心」とは、自分は隠れて他の輝きを愛でる心。他の光を反射して世界を輝かせることを願う陰徳の心。「稲穂の心」は、自分が他から受けた恩恵を深く噛みしめる感謝の心。「観音の心」とは、他の痛みを深く感じ取ってそれを癒すことを願う慈悲の心。そのいずれの心も、自分から他に重心を移して尽くす心であり、その心を大切にして歩むなら、私たちは自然に、優位や欲得から少しずつ離れてゆくことになるでしょう。

また、**苦・暴流＝恨みの強い被害者**の「煩悩」である、世界不信、人間不信の傾き、自分の正しさにこだわる攻撃的な傾向に対しては、**「空の心」「川の心」「海の心」**が、それを切断する力を与えてくれます。

「空の心」とは、人間がつくり出す区分けを超えて限りなく広がる自由な心。「川の心」は、一つのところにとどまることを許さず、すべてを押し流し、洗い流してゆく浄化の心。「海の心」とは、あらゆる違いを包み込んで一つに結んでしまう受容の心。それらを育むなら、自分の正しさにこだわり、とらわれてしまう不満や批判を溶かし、不信の心の底を抜いて自由な次元に誘われてゆくでしょう。

快・衰退＝自己満足の幸福者の煩悩である曖昧で鈍感な傾向、依存的で契約的な傾向に対しては、**「火の心」「泉の心」「風の心」**がそれをとどめてくれます。

「火の心」は、一心に限りを尽くして今に集中する熱き心。「泉の心」は、道なき地点から倦まず弛まずあきらめることなく道を切り開こうとする智慧の心。「風の心」は、自他の心に願いを蘇らせる颯爽とした無垢の心。それらは、限りを尽くし、どこまでもあきらめず、自他の願いを蘇らせるような強い想いに満ちていて、それを生きようとするならば、「快・衰退」が抱える、曖昧で鈍感な他人事の意識を改めさせずにはおかないでしょう。

最後の**苦・衰退＝あきらめに縛られた卑下者**の「煩悩」である、「自分には無理」「うまくゆくはずがない」という自信のなさや恐れの傾向に対しては、**「山の心」「大地の心」「太陽の心」**がそれをとどめてくれます。

「山の心」は、いかなる試練にも揺らぐことのない不動の心。「大地の心」とは、あらゆる存在を育み、可能性を開かせる親の心。「太陽の心」とは、自らが輝いて他を照らす愛の心。常に力強く自らを信じて、それ以上に他を愛そうとするこれらの心は、自信のなさや恐れの心を克服させるに違いありません。

内なる光を引き出す菩提心

　このように、「菩提心」には煩悩をとどめるはたらきがあります。これらは、「煩悩を転換する菩提心」、あるいは「煩悩」を暗転の中心にある「悪因」と捉え、それを断ち切る菩提心という意味で、**「悪因切断の菩提心」**と呼ぶことができます。この「菩提心」は、前節で示したように、自分の「煩悩」を摑むことができれば、そのタイプから必然的に導かれる「菩提心」です。

　しかし、「菩提心」は、「煩悩」を転換させるだけではありません。もう一つの側面があります。もっと積極的に、善なる原因をつくり、私たちの魂の中にもともと宿っている光をダイレクトに引き出し、育ててゆくはたらきです。言葉にするなら、「内なる光を引き出す菩提心」――。それは、私たちの魂の深くに刻まれている、私たちの魂が願った菩提心であり、魂願と結びついた菩提

菩提心の2つのはたらき（闇をとどめ、光を引き出す）

心です。また、善なる原因を開拓してゆくという意味で、**「善因開墾の菩提心」**とも呼ぶことができるものです。

では、あなたの「内なる光を引き出す菩提心」は、「12の菩提心」のうちのどの菩提心なのでしょうか。それは、すぐに見出せるとは限りません。むしろ、長い人生の歩みの中で、少しずつ明らかになってくる場合が多いかもしれません。それは、その魂が抱くもっとも本質的な個性につながっているからです。「煩悩を転換する菩提心」＝「悪因切断の菩提心」のように煩悩のタイプから自動的に導き出せるものではなく、自分自身の心に向き合いながら見出してゆかなければならないものです。

ただ、一つの手がかりとして、たとえば今、遙かな憧れのような気持ちを注いでいる菩提心や強い疼きを感じる菩提心があるとしたら、それは、あなたにとっての第一候補になるでしょう。

あるいは、自分がもっとも惹かれる菩提心は何かを考えてみることもあります。「12の菩提心」の中で、たとえば「なぜか好きで仕方がない」「心惹かれてやまない」という菩提心があれば、その菩提心を育むことによって、きっとあなたの魂に宿る光は次第に外の世界に引き出されてくることになるでしょう。魂の光が錬磨され、純化されることによって、本来の輝きを外の世界に放つことができるようになるのです。

実際、菩提心を育む中で、多くの方が菩提心に対する強いリアリティを実感してゆかれます。たとえば、「山の心の菩提心を想うと、気持ちが本当にどっしりと落ち着きます」という方、また「菩提心は人じゃないのに、菩提心のことを想うと胸がいっぱいになります」という方、さらには「自らを捨て、心を尽くして人々の幸せを願うことができますように」という太陽の心を念じ、深めてゆく中で、「ああ、そうだった。私はこれがやりたかったんだ。私の人生はそのためにあったんだ！」という想いが胸の奥から突き上げてきて涙が止まらなくなってしまい、日々、心からの喜びを持ってボランティア活動に尽くしている方もいらっしゃいます。

菩提心が引き起こす光の連鎖

私たちが、心に菩提心を抱くと、事態は確実に光転を始めます。そればかりか、私たちは、自らの努力を超えた、不思議な助力を様々に体験することになります。

菩提心を実際に育むには、たとえば、「12の菩提心」を理解し、その心を自分に写し取ってゆくような歩みが必要です。それぞれの菩提心を育むためのエクササイズ（鍛錬）については、拙著『12の菩提心――魂が最高に輝く生き方』に示していますので、ぜひ参考にしていただければと思います。

菩提心が次第に確かなものとして育まれてゆくと、そのエネルギーは心の奥にある「魂」に対して、大きな影響を及ぼすようになります。

それが「煩悩を転換する菩提心」（悪因切断の菩提心）なら、とりわけ、その中の「カルマ」（魂の未熟や弱点であり、煩悩・魔境のもと）の闇にはたらきかけ、「カルマ」の影響は次第に縮小し始め、逆に眠っていた「魂願」（魂に宿る強い願い）の光のエネルギーが心の次元に出てくるようになります。「内なる光を引き出す菩提心」（善因開墾の菩提心）なら、直接に「魂願」の光のエネルギーにはたらきかけてゆきます。

つまり、いずれの「菩提心」によっても、「魂願」のエネルギーが「菩提心」の中に入り込んでくるようになるのです（基本は、まず「煩悩を転換する菩提心」、そして「内なる光を引き出す菩提心」の順に育みます）。

たとえば、「快・暴流」の人が「月の心」の菩提心を育んでゆくと、以前は他人のことなど構わず強引にものごとを進めていたのに、周囲に対する感受性が高まり、他人の気持ちを受けとめたうえで、事態を牽引できるようになります。しかも、そればかりではなく、もともと抱いているエネルギーの輝きがより純化され、明るく力強いものになってゆきます。また、「苦・衰退」の人が「大地の心」を育んでゆくと、かつては自分のことで精いっぱいでとても他の人たちのことを心配したり、関わったりすることなどできなかったのに、縁ある人たちを愛する想いが引き出され、その人たちをお世話する包容力や守ろうとするたくましさが育まれてゆきます。しかも、もともと抱いていた繊細さ、やさしさも一層錬磨されてゆくのです。

そのことによって、私たちは、試練に対して、魂願のエネルギーで迎え撃つことができるようになります。そのエネルギーは、世界を動かしている大きな力と響き合い、求めていたよき協力者を呼び寄せ、思いもよらなかった形で道が開かれ、新たな現実が立ち現れるといった不思議な体験をあなたにもたらすことにもなります。人生を振り返って、単に自分の努力によるだけとは言えない、不思議なご縁や出来事に恵まれ、助けられたことがあると思われる方は、そのとき魂願のエネルギーがはたらいていたかもしれないのです。

菩提心を育み、光転の現実を生み出す人々

ここで、菩提心を育んで、光転の現実を生み出し始めている方々を少しだけご紹介しましょう。

苦・暴流の煩悩が出やすく、職場でも自分の考えでどんどん仕事を進めたくなる傾きを持っていた小池正明さん（五十代、仮名）は、同僚や上司から消極的な意見や反対意見が出ると、必ず「私は正しいのに、あなたたちは失敗を恐れて現状を変えようとしない」としか思えず、どうしてもその想いを止められませんでした。

その現状に気づき始め、新しい自分になってゆこうという気持ちが芽生えたとき、小池さんは、自分にとって一番必要なのは「海の心」の菩提心であるように感じました。あらゆる個性を包容して、全体を一つに結ぶことのできる広き心――。拙著『新・祈りのみち』の「海の心」を育む祈りの中の「あなたがもし、受け入れ難いものを抱えているなら／広き海原を想ってください。／誰かに反感を覚えているなら／すべてを受容する『海』にあなたの心を重ね合わせてください」という言葉に心惹かれるものがあったのです。

実際、「海の心」の菩提心を育んでゆくと、まずは「相手の言っていることを受けとめてみよう」と思い、話を聞けるようになり、相手の意見の中にも素直に正しいと思えることがあって、その真意が見えてきたと言います。今まで小池さんはそれをすべて「悪意のサイン」に受け取ってしまっていたことに気づき、申し訳ない想いがわき上がってきました。

同時に、何か新しい発見が生まれてくるようなうれしい気持ちで、同僚・上司の考えを聞かせていただくのが楽しみになってきたと言います。今、小池さんは、「自分が今まで正しいと思っていたことは一面的だった」と気づき、個性の違った一人ひとりが協力し合い、生かし合う本当の正しさを生きることへと向かっていらっしゃいます。

また、サラリーマンとして働く前田進（すすむ）さん（三十代、仮名）は、とてもエネルギッシュに仕事に取り組むのですが、ときに他の人のことが目に入らなくなって一人でどんどん進めてしまう傾向を持っていました。あるとき前田さんは、一緒（いっしょ）に仕事に取り組む中で、仲間の一人を傷（きず）つけてしまい、わだかまりを残したまま関わりが切れてしまったことがありました。そのことを痛みに感じ、「もう一度、絆（きずな）を結び直したい」と思った前田さんは、もっとも自分に足（た）りないと感じた「稲穂（いなほ）の心」の菩提心——自（みずか）らが支えられ、愛されていることを受けとめる感謝の心——を育むことを始めたのです。

その中で、「振り返れば、彼は見えないところで私のことを支え、助けてくれていた。あのときもそうだった……」「もっと違う関わりができたのに、申し訳ない……」という想いが胸の奥からあふれてきました。

そして、「すべての出会いと出来事の豊かな意味を受けとめさせてください」という『新・祈りのみち』の「稲穂の心」を育む祈りの一節が心に深く沁み入って、何とも言えない温かな気持ちになりました。その想いで彼にお詫びと再会を願っているメールを送り、再び交流を蘇らせることができたのです。

「煩悩を転換する菩提心」ばかりでなく、「内なる光を引き出す菩提心」を育むケースもあります。会社員の児島祐子さん（三十代、仮名）は、これまでの人生で、何かあるとすぐに気持ちが大きく落ち込んでしまい、ややもすると、そこから脱け出すのに数年もかかってしまうこともありました。しかし、「魂の学」を学ぶ中で、「風の心」の菩提心に憧れるとともに、今の自分にもっとも必要な心であると感じました。「風の心」とは、誰の心にも我意を超えた願いを蘇らせる、颯爽とした無垢な心――。『新・祈りのみち』の中の、「わたくしは／いつも思い続けます。／『風』起こる深淵を／光生まれる混沌を／いのち孕まれる根源を」という言葉にも惹かれるものを感じ、今の自分にない力を与えてくれるように感じたのです。

その「風の心」を育んでゆく中で、児島さんに変化が起こり始めました。同じような試練に直面しても、すぐに立ち直ることができるようになり、さらに今までならショックで寝込んでしまうのではないかと思うほどの出来事に遭遇したときも、「風の心」の菩提心を何度も念じ、心に描いてゆく中で、事態に呑み込まれていない自分を発見したのです。児島さんは、菩提心の持っている力に驚かずにはいられませんでした。そして、心が自由になった喜びを噛みしめられたのです。

未来への希望の道――「魂願―菩提心―光転の現実」

「菩提心」が心に育まれると、魔境に陥っていたときには見えなかった「可能性の中にある制約」が明らかになったり、また「制約の中にある可能性」も見えたりするようになってゆきます。また、全体と部分の関係（全体の中で相互がどのような関係になっているのか）も手に取るように見えてきます。

たとえば、これからの時代、とりわけリーダーには、「状況を把握する知性」が決定的に重要になると言われます。「あるがままの現実」を受けとめること一つとっても、私たちが魔境を脱し、菩提心を育むことは、不可欠のテーマとなるでしょう。

世界的不況という現実を生んだ根本的な原因にも、私たち人間が抱く煩悩の魔境という問題があります。利益を貪るように際限なく求めてゆく「心」とそれを許す金融システムという条件がその現実を生み出しています。それをそのままにしている限り、人類はまた同じ過ちを繰り返すことになるのではないでしょうか。過去の歴史を振り返っても、状況を見誤り、魔境のまま流されて、どれほど多くの人々が不幸と悲惨の現実をつくり出すことになったでしょう。

そのテーマを超える鍵こそが「菩提心」にある、と私は信じています。私たちが、「菩提心」を心に育むことは、個人の人生の可能性を最大限に開くことにとどまりません。それは世界に山積する多くの難題を解決し、新しい調和と創造の時代を切り開く道へとつながっています。「魂願―菩提心―光転の現実」こそが、あなたのもっとも深い可能性を開花させ、その智慧と力で世界の調和に貢献する、試練を光転させてゆく法則なのです。

「魔境」を脱するために、あなたが育むべき「煩悩を転換する菩提心」とは、どのような心でしょうか。三つあげてみましょう。

あなたが「内なる光を引き出す菩提心」として、もっとも心惹かれるのは、どの菩提心でしょうか。自らの心と向き合って尋ねてみましょう。

9

チャージ(Charge)――魂の願いを思い出す

試練（問題）の呼びかけに応えようとする私たちが、まず向かい合わなければならないのは、自分の本当の願いは何かということである。もともとの願い、もともとの動機につながることによって、私たちは限りないエネルギーを手にし、心のベクトルを一つに束ねることができる。

チャージとは、「Why」を取り戻し、もともとの願いに接続し直すこと

それでは実際に、私たちが抱えている試練（問題）の呼びかけに応えてゆきましょう。9〜11章では、試練が呼びかける「3つのC」――チャージ（Charge）・チェンジ（Change）・チャレンジ（Challenge）を具体的に生きることを考えてみたいと思います。

第一段階は、チャージ（Charge）です。

チャージとは、先にも触れたように（七四頁）、そもそもは「充電する」という意味の言葉です。私たちが体力を消耗してエネルギーを補給するようなときにも、チャージという言葉を使ったりします。

では、試練がチャージを呼びかけているとはどういうことなのでしょう。私たちの日常は、多くの場合、忙しく慌ただしいものです。その中では、私たちは、次から次にやってくる刺激に対して、何を（What）、どうすれば（How）よいのか、対応することを余儀なくされています。現実の世界が目まぐるしく動いていれば、それだけ私たちは忙しく、「何をどうすれば」と、「What」と「How」で対応し続けることになります。そしてまた、そうできることが一つの力量として評価されるのが現代であると言えるでしょう。

しかし、そのとき、目の前の「現実」に「What」と「How」で応えることばかりがどんどん肥大して比重が重くなる一方で、私たちの内側、「心」は顧みられず空虚になってしまいます。ましてや「魂」のことなど忘れ去られているのです。試練が私たちの前に立ち現れるとき、それが危急のものであればあるほど、「早く、何とかしなければ」と気持ちは焦って、「What」と「How」への対応に追われ、空虚さが増すと言っても過言ではありません。

チャージの呼びかけは、そのとき私たちが充電しなければならない何かがあ

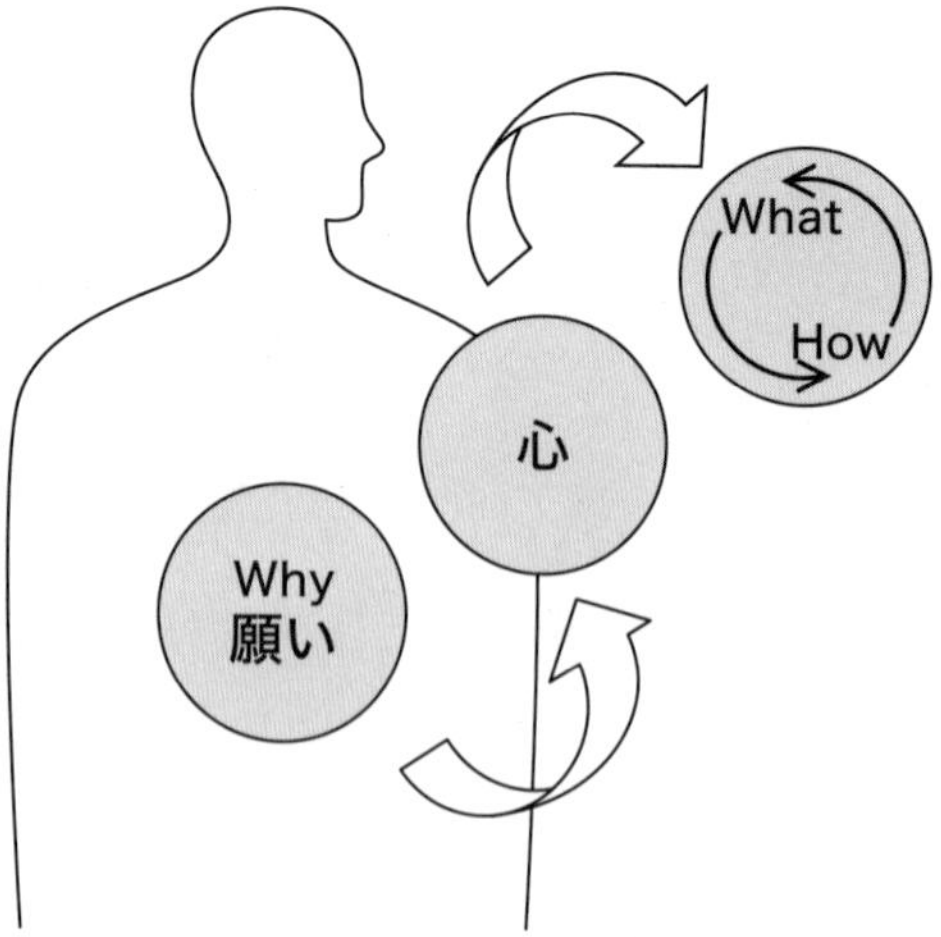

図9-1　「Why」を取り戻し、魂の願いを思い出すチャージ

ることを伝えているのです。チャージとは、次の段階に向かうために、新たな挑戦をするために、今を転換するために、私たちが生きる原動力の源、もともとの動機、もともとの願いに自分を接続し直すこと。言葉を換えるなら、私たちの心の奥深く、魂の次元にある願いにつながるために、魂の次元の「Why」を取り戻すことなのです。

「Why」とは、「なぜ、私はこの試練を迎えているのだろうか」「何を動機・必然として、何を目的として、ここにいるのか」ということでしょう。

チャージとは、試練を前にして、「Whyを取り戻せ」、そしてあなたの魂の願い（魂の意志）を「思い出しなさい」という呼びかけを聴くことにほかならないのです（図9－1）。

あなたは、「What」と「How」の要請ばかりに応えようとしていなかったでしょうか。あなたの「Why」を取り戻しましょう。「なぜ、私はこの試練を迎えているのだろうか」「今守らなければならないこと、大切なことは何なのか、何を目的として、ここにいるのだろうか」と自らに問いかけ、考えてみましょう。

デジャヴュ（既視感）の体験が教えている

しかしながら、自分の心深くの願い、もともとの動機を思い出すことは誰にとっても容易なことではありません。むしろ、多くの方にとって、それはこれまで取り組んだことのないことかもしれません。

それでも私は、こう申し上げたいのです。たとえ今、もともとの願い、意志をすぐに思い出すことができなくても、すっかり忘却してしまっていても、それは、あなた自身の深くに、「魂」の次元に刻まれている、と——。

その願い、もともとの動機は、たとえ思い出せなくても、私たちが知っているものなのです。それはどういうことなのでしょうか。

たとえば、壁にかかっている一枚の写真にふと心が引き込まれる。街角やラジオから流れてくるメロディに突然惹きつけられる。その写真のこと、曲や歌のことを思い出すことはできなくても、いつかどこかで感じていた気持ちや胸の痛み、そのとき目にしていた光景や匂いが蘇る……。そうした経験をしたことはないでしょうか。

デジャヴュ（既視感）と呼ばれる体験をされたことのある方も多いはずです。初めて訪れた街を歩いているとき、ふと「いつかは思い出せないが自分はここに来たことがある」という感覚に襲われたり、人と話をしていて「以前、これと同じ話をしたことがある」という気持ちになったりする——。その特徴は、「過去に実際に体験した」という確かな感覚でありながら、「いつ、どこでのことかは思い出せない」というものです。

これらはみな、はっきりとは思い出せなくても、私たちが知っていること、自分の中に刻まれた遙かな記憶を思い起こさせるものです。

「魂の学」のセミナー等の場で、「魂の所以に遡る瞑想」の時間を持たせていただくことがあります。それは、ある程度「魂の学」を学んで一定の準備が整った方に対して行われる瞑想で、現在から過去へ、そして生まれる以前へと時を遡る中で、私たちの魂の中にある記憶、自分の魂がどのような願いを抱き、どのような後悔を抱いているのか、そこに直接触れてゆくものです。その体験の中で多くの方が、普段は考えてもみない、心の底に刻まれていた光景を思い出したり、そのとき感じていた後悔や願いなどの強い情動を蘇らせたりします。そして、その記憶はその方の人生そのものと深くつながっていて、日常の現実がそれまでとはまったく違う新鮮さを放つようになったり、曖昧だった生き方がはっきりとした意志を持つようになったりするのです。

呼び覚ますために問いかける

私たちにはなかなか思い出せなくても、もともとの動機、魂の願いは、私たち自身にしっかりと刻まれているということです。それらが自分の魂に刻まれているからこそ、私たちは今、直面している試練（問題）の意味と呼びかけを必ず受けとめることができるのです。

ですから、私たちは、次に掲げる問いを、人生の問いかけとして心に携えていましょう。

私は一体どこから来て、どこへ行こうとしているのだろうか。
私はそもそも何者なのか。
私は何のために人生を歩んでいるのだろうか。
私の人生の目的と使命とは何なのか。

もともとの動機を呼び覚ますために、魂の願いに立ち還るために、日々の問いかけとして、危急の時の問いかけとして、これらの問いかけをいつも自分自身の心に響かせておきたいと思うのです。

多くの方にとって、心の底に刻まれた願いを尋ねること自体、あまりないことかもしれません。ですから、ここでは実際に、一四八頁の問いかけを声に出して自分に語りかけてみましょう。そのとき心に訪れる想いも言葉にしてみましょう。一つ一つの問いかけに、今のあなたの言葉で答えてみてください。

心のベクトルを一つにする

試練（問題）が立ち現れたとき、もともとの動機、魂の願いを思い出すことはなかなかかなわなくても、それに確かにつながっている本当の「心」があります。

私たちはよく、「建前ではなく本音を話さなければ」というようなことを言います。建前とは、社会の道徳観や世間体を基とした、原則として立てている方針や表向きの考えと言えます。つまり、実際には維持できない方針や世間体のよい考え、あるいは理想論ということでしょう。それに対して、本音とは自分の中にある本当の気持ち、しばしば人には言えないような気持ちのことを指しています。「酒の席は本音の話ができるからいい」と言えば、普段なら言えない露悪的な話、たとえば上司や同僚に対する反感や批判、愚痴も話せるという意味であることが多いでしょう。

「建前」は、「心」の前面にあって奥にあるものを隠している。その奥にあるものが「本音」というわけです。しかし、では「本音」がその人の心の奥にある本当の「願い」を言い表したものかと言えば、私はそうではないと思います。「建前」か「本音」かという次元の奥に、**「本心」**と言うべきものが横たわっていると思うのです。

そして、言葉を換えるなら、この「本心」こそ、「願い」に必ずつながってゆくものだと思います。「本心」を「建前」や「本音」が覆い隠していると捉えるのです。

ですから、まず、私たちは、試練と向かい合ったとき、「今、私が取り戻すべき『本心』は何だろう」と問いかけることが必要です。「今、私が願っていることは何なのか」「私が本当に守りたいもの、大切にしたいものは何なのか」

でもよいと思います。自分の心にまっすぐに向き合って、何度も何度もそう問いかけるならば、私たちは少しずつ、今、自分が抱いている「本心」「願い」に気づくことができるでしょう。

そして、今、大切にしたいことの優先順位がはっきりとしたとき、図4－3（七二頁）のように、**心のベクトル**（方向を持つ力）を一つにして、試練に向かい合う準備が整います。バラバラだった想いと行動が一つの束となって試練に向かってゆき、チャージが果たされることになるのです。

今、あなたが迎えている試練の中で、あなたが願っていること、あなたの本心とは、どのようなことでしょうか。あなたが守りたいもの、大切にしたいこと、その優先順位はどのようになりますか。

もともとの願いを思い出したとき、世界は変貌を遂げる

看護師をされている宮本あつ子さん（四十代、仮名）は、長年にわたって、同居する義父との関係がこじれ、十年近くほとんど言葉らしい言葉を交わしたこともないほどの状態になっていました。

その初期の頃、宮本さんが参加されたGLA（「魂の学」を学び実践する集い。二二二頁参照）のセミナーで、「魂の所以に遡る瞑想」（一四七頁参照）を体験したとき、心の奥からそれまで感じたことのない強い想いが突き上げ、床に座り込んで泣き続けるということが起こりました。そして、心の中に、自分一人が船に乗り、大切な家族を岸壁に残してきた光景が、あたかも現実のように鮮やかに浮かび上がったのです。そこにはご主人やお子さん、そして義父のニッコリと微笑んでいる顔がありました。

瞑想が終わると、宮本さんは、なぜ仲の悪い義父がその中に出てきたのか、不思議な想いに駆られました。

もともと、ご両親との同居は宮本さんにとって不本意なものでした。不況のあおりで大工だった義父の仕事がなくなり、義父が建てた実家のローンを宮本

さんご夫婦が肩代わりするための同居だったからです。そして、同居を始めると、仕事で腰を悪くしていた義父はほとんど働かなくなり、そればかりか、朝からお酒を飲んでは家族に悪態をつき、暴れるようになったのです。やがて、宮本さんは、わずかな時間でも一緒にいたくないほどの嫌悪感を持つようになってしまいました。

その後、宮本さんは看護師の仕事に復帰されますが、別居のことは何度考えたかしれませんでした。でもそのたびに、なぜかあの瞑想で見た義父の顔が思い出され、思いとどまっていました。ところが、一昨年の夏、泣きじゃくるわが子の前で、義父が暴言を浴びせるという事態が起こってしまい、ついに別居を決意されるに至ったのです。

しかし、その直後に参加された「魂の学」のセミナーで、宮本さんは、どうにもならないとあきらめかけた義父との関わりに、願いをもう一度取り戻す「チャージ」の時を迎えることになりました。

「菩提心による問題解決」を学ぶプログラムで、宮本さんは、拠りどころとする菩提心を「風の心」の菩提心に定めました。拙著『新・祈りのみち』の中の「『風』はそこに窓を穿つ力です」という言葉に心が響き、「もしあの修羅場のような家に新しい空気を入れることができたら……」という想いがわき上がりました。「お義父さんさえ、いなければ」という自分の心が子どもたちに影響し、子どもたちと義父の諍いをつくっていることにも気づかされ、「このままではいけない。お義父さんに手紙を書いて、もう一度やり直そう」と思い直されたのです。

日常に戻り、再び義父に対する「いつもと同じ気持ち」に支配されそうになった宮本さんは、子どもたちに協力してもらおうと「お祖父ちゃんに『やり直したい』って、お手紙を書こうと思うの」と相談したところ、「絶対無理！」と一斉に猛反対されてしまいました。それほど義父と子どもたちとの間も険悪になっていたのです。

それまでの関わりへとずるずる引っ張られる自分を感じながら、それでも宮本さんはもう一度、『新・祈りのみち』と向かい合い、義父のことを想いました。すると、「この家は百年経っても壊れないぞ」と言っていた義父の言葉が思い出されてきました。「そうか、お義父さんは、今まで培ってきた技術のすべてを込めてこの家を建て、私たちに住んでもらいたいと思っていたのかもしれない。だとしたら、ローンの支払いができなくなったことが何ともつらく、情けなかったのではないかしら。なのに、そんな気持ちを少しもわかろうとしてこなかった……」

　宮本さんの中に初めてはっきりと後悔が訪れ、それと同時に素直な気持ちで手紙を書くことができたのです。それは、自分の中にあるもともとの願いに、もっと確かに接続し直す「チャージ」の瞬間でした。

「お父さんが一生懸命につくってくれたこの家に住まわせてもらって、こんな幸せなことはないってわかりました。お父さんとお母さんと家族七人でずっと一緒に暮らしてゆきたいです。私たちも一生懸命働くから、これからもずっと一緒にいてください」

　敬老の日、ドキドキしながら、手紙とプレゼントを義父に渡すと、その三日後、義父が「あっちゃん、悪かったな、これからもよろしくな」とにっこり微笑んで伝えてくれたのです。そんなに親しげに呼んでくれるなんて――。考えてもみなかったその事態に、宮本さんは一瞬、何が起こったのかわからないほどでした。あれほど険悪だった関わりが嘘のように変わってしまったのです。

そしてそればかりではなく、翌日には、末の息子さんが「お祖父ちゃん、昨日は羊羹ありがとう」と満面の笑みで語っているのを目の当たりにしました。息子さんはその後で、「僕、本当はお祖父ちゃんとこういうふうになりたかったんだよ」と言ったのです。宮本さんはうれしくて涙が止まらなくなってしまいました。

その後しばらくして、私は宮本さんの歩みを一緒に辿らせていただく時間を持ちました。宮本さんがこじれてしまった関係の中で、どうすればいいのか、ずっと苦しまれてきたこと。その中で光転への歩みを牽引した菩提心の輝き、どんなに関わりがこじれてしまっても、その関わりを結び直すことができることを子どもたちが知ったことの大切さ、そして絆を結び直す歩みを支えた魂の願いについて触れさせていただいたのです。

宮本さんが、十年前に体験した「魂の所以に遡る瞑想」の中で一番心に残った義父の笑顔。その笑顔が何度となく思い出されて、別居を思いとどまったこと。限界だったのに、なぜあきらめることができなかったのか。それは、宮本さんの魂の中にあった後悔と願いだったこと。今度こそは一緒に幸せになり、義父にも輝いてほしいという願いがあったこと……。

それをお話ししたとき、宮本さんは、深く得心されました。自分の中に忘れることができずに残った瞑想の折の謎、そしてその後の自分の歩み、それが一つにつながったのです。宮本さんは、義父と出会えたことを心の底から、本当によかったと思われています。

もともとの願いにつながったとき、世界は変貌を遂げる──。それは誰の現実においても変わることのない真実です。

呼びかけは人生の仕事を教えている

「呼びかけ」は、英語ではCallingと言います。どこからともなく声が響いている──。それは大いなる存在からの声であり、世界からの呼び声であり、人生からの声、自分自身の深奥、「魂」の声なのです。

「呼びかけ」は、私たちの「魂」に刻まれた魂願に近づき、それを明らかにしてくれるものです。「呼びかけ」を聴くとは、一つ一つの事態を前にして、本当は、私の「魂」はどう生きたいのかと尋ねることだからです。つまり、「呼びかけ」は、私たちの本当の人生の仕事を教えているものだということでしょう。

コーリング（Calling）を辞書で調べてみるなら、そこには、「呼び声」や「叫び」などとともに、「神のお召し」「召命」「天職」という意味があることがわかります。まさに「呼びかけ」は、天職、人生の仕事を示すものなのです。

試練（問題）からの呼びかけを尋ねてゆくことは、単にマイナスをゼロに戻したり、プラスに転じたりすることではありません。私たちの最終目標であり、生まれてきた理由でもある「人生の仕事」を発見し、あなたにしか果たせないその使命を生きることにつながっているのです。試練の中で見きわめた自分の生き方――。むしろ、試練の中だからこそ、人生の仕事を確信することができると言っても過言ではないのです。そう言えるのは、その呼びかけを届けてくれるのが、一切を記憶し、一切を見守り、一切を見はるかす宇宙の叡智の次元、大いなる存在の次元だからです。

天職――人生の仕事とは、必ずしも職業のことを指すわけではありません。

もちろん、経営者や芸術家、政治家やジャーナリスト、教育者、医師や看護師などの医療者、研究者や技術者、様々な会社や商店に勤める人々、農業や水産業に従事する人々の中には、この世界で自分が選んだ職業が天職であるという方もいるでしょう。

しかし、仕事は会社員で事務を担当しているけれど、市民劇団に入っていてそれがライフワークだという人、普段は商店で働いているけれど、困っている人たちを支えたいと長年にわたってボランティア活動を続けている人もいます。生活の仕事は別にあるけれど、人生の中心は、サークルやボランティアなどにある──。そのように自らの人生の仕事を見出すこともあるということです。

つまり、天職とは、職業の形以上に、自らがこの世界に対して尽くす「はたらき」であり、その「エネルギーの形」なのです。

その「はたらき」を見出し、そのことに応えようと努めてゆくとき、誰もが本当の意味で輝いて生きることができます。どんな苦境にあっても、大変な試練に遭遇していても、そのことを幸せと感じられる心境が訪れます。心の底からたとえようのない歓びを実感し、自らがこの世界に生まれてきた理由を知ることになるのです。

私たちが今、向かい合っている試練（問題）が、その天職――人生の仕事を教えようとしているかもしれない――。ぜひ、そのように想いを馳せて、試練の呼びかけに耳を傾けていただきたいと思います。

あなたにも、もともとの動機、もともとの願いが刻まれています。それはどのようなものだと思いますか。それが「人生の仕事」、天職とつながるとしたら、どのようなことなのか、想いを馳せてみましょう。

10

チェンジ(Change)──私が変わります

チェンジ(Change)とは、「変わりなさい」という呼びかけである。
しかし、私たちはしばしば「変わらなくてよい」という誤ったメッセージを取り出してしまう。自らの魔境を見きわめ、歪んだサインから自由になって初めてチェンジを実践できるのである。

チェンジとは「私が変わります」

試練からの呼びかけに応える第二段階は、チェンジ(Change)──「変わりなさい」という呼びかけです。

「変わりなさい」とは、どのようなことでしょうか。試練(問題)が立ち現れるとき、その事態は、私たちに「Yes」ではなく「No」を突きつけています。それまでのやり方や生き方では、もうその先に進むことはできないことを伝えているということです。それは、言葉以上に明白な事実です。

ところが、私たちは、試練からの呼びかけ、「チェンジ」のメッセージを聴くことがなかなかできません。なぜなら、「変わりなさい」のメッセージではなく、「変わらなくてよい」「変わる必要などない」という誤ったサインを取り出してしまうからです。7章で見た、誤ったサインとは、まさに「変わる必要はない」と私たちに信じ込ませるものです。私たちが抱いている煩悩、陥っている魔境が、事態を歪めて見せているのに、私たちはそれが真実であるとしか受けとめることができないのです。

たとえば、図10－1を見ていただきたいと思います。

何が描かれているかと尋ねられたら、多くの方が、「ここには渦巻きが描かれている。中心に向かって、奥に向かって進んでゆく」と答えられるのではないでしょうか。どう見ても、そこには確かに渦巻きがあり、中心に向かって、奥に向かって収束してゆく。そうなっていると思えます。

もし、私たちが抱える問題の中心を摑んで取り組むようにと言われたら、どうするでしょう。事態がこの図のように見えていたとすれば、私たちは、その中心を摑まえるために、渦巻きを一生懸命辿ってゆこうとするでしょう。

図10-1　渦巻きを辿(たど)って中心に近づけるだろうか？(フレーザーのねじれひも錯視)
(今井省吾著『錯視図形──見え方の心理学』サイエンス社、1984、p.189)

「そのやり方ではダメだ」と他の人から言われたとしても、なかなかそれを聞くことはできないでしょう。つまり、私たちは、「自分のやり方でいい、変える必要などない」と思うわけです。

では、これから、この渦巻きの上の方にある「A」の地点から指でなぞり、中心まで辿り着くことができるかどうかを試してみてください。

いかがだったでしょうか。実際に渦巻きをなぞってみると、中心には辿り着かず、再び「A」のところに戻ってしまいます。

実は、この図は、フレーザー錯視と呼ばれている図形で、渦巻きではなく同心円が重なったものですが、人間の目には渦巻きに見えてしまうのです。

私たちは、自分の見ているもの、自分の感じている事実が絶対だと思いがちです。しかし、現実には、この図形を錯覚してしまうように、しばしば私たちは自らの心がつくり出した誤ったサインを受け取り、判断している場合が多いのです。

つまり、チェンジとは、その絶対だと思い込んでいる自分自身の見方、感じ方の歪みを見破って、**「私が変わります」**と思い切ることにほかなりません。

あなたが今、抱えている試練の中で、「これは絶対に間違いない」と思っている見方、考え方とはどのようなものでしょうか。

たとえば、「この事態はもうどうすることもできない」「この人がいる限り、この事態はきっと変わらないだろう」……など、言葉にする必要もないと思っていたことを改めて意識化し、言葉にしてみましょう。

内なる魂の感覚によって魔境・悪因を見きわめる

チェンジの呼びかけに応える大前提として、私たちは、自らの「魔境」とその核心にある「悪因」（煩悩）を見きわめていなければなりません。

自分が抱きやすい「煩悩」、陥りやすい「魔境」を知ることは、これまでの歩みの中で、それほど難しいことではないかもしれません。自分自身のベースとなっている煩悩のタイプを巻末の「自己診断チャート」で確かめることができれば確実でしょう。それが魔境・悪因を見出す基本です。

しかし、「快・暴流」の人が、いつも「快・暴流」の魔境に陥るとはかぎりません。「苦・暴流」のベースの人が「快・暴流」の魔境に陥ることも、「快・衰退」の魔境に陥ることもあり得ることです。

その魔境・悪因を見きわめるとき、頼りとすべきは、自分自身の内なる魂の感覚だけなのです。それはどういうことかと言えば、本当に自分自身が心の底から「これだ！ これが自分の魔境（悪因）だ」と迷いなく思えなければ、それはまだ見出されていないということです。本当だと思えるとき、それはその魔境・悪因が、目の前の事態を、真実、生み出していると感じることができます。そして、私たちはすっきりと澄みきった青空のような心境になります。そのとき、その悪因を切断する菩提心（一三〇頁）もピタリと合致する感触を得るのです。

私たちが応えようとしている呼びかけの道は、目の前の試練を、自分が引き受けて、その事態を転換させようとする道です。そのために、私たちは自らの主導権を最大限にはたらかせて、事態の重さの一切を引き受けようとします。

その道では、常識的な考えや世間の道徳観、善悪観、良識的な考え、法律的な判断……、それらの一切をいったん横に置く必要があるのです。たとえば、

「相手よりも自分の方がやっぱり正しい」「社会的に見て私の状況は仕方のないものだった」「どう見ても私のことを責められる人はいないだろう」……というような想いが少しでも混じってしまったら、私たちは見出すべき魔境・悪因を取り出すことはできなくなります。そして、暗転の事態を自分に引き受けて転回することは、かなわない夢に終わってしまうのです。

たとえば、障害児施設の施設長を務める小宮博昭さん（五十代、仮名）は、突然、重症児病棟の六人の看護師が同時に辞めてしまい、病棟閉鎖の危機に見舞われました。「どうしてそんな無責任なことをするんだ！　絶対に許せない！」と怒り心頭でしたが、「魂の学」を学ぶ仲間からのアドバイスを受けて、辞めた看護師一人ひとりに、自分の足りなかった点を聴きに行ったのです。

すると、何と一九〇項目にも及ぶ指摘を受けることになりました。最初は「バカにするな！　俺がいてこの施設が動いているんだ！」ととても受けとめきれませんでしたが、改めて冷静になって一つ一つの項目を点検してゆくと、もっともなことばかりでした。

食事も喉を通らない苦しみの中で、しかし自分に原因があることが少しずつ見えてきたとき、小宮さんは自分の至らない実態に気づいて愕然としたと言われています。申し訳ない想いとともに「ああ、本当に私に原因があった。愚かだった……。すべてを引き受けて、まず私から変わってゆこう」と心に決め、自らの想いの転換と具体的な改善に取り組んでゆく中で、次第に新たな施設の体制がつくられ、病院全体の運営が驚くほど改善されていったのです。

試練（問題）を本当に何とかしたいと思うなら、自分の中に、たとえわずかなかけらでも、真実、転換できるものを見出すことが、私たちの唯一の活路となるのです。事態の一切の重量をその一点にかけて転回しようとするのが、試練が呼びかけている声に応える道だからです。

今、目の前にある事態に対して、あなたが自らの内に見定めた魔境・悪因とは、どのようなものでしょうか。

あなたは、心の底から、その魔境・悪因が暗転の事態の真の「原因」と思えるでしょうか。自分の中に言い訳や納得できないつぶやきはないでしょうか。

チェンジの四つの手がかり

「呼びかけ」とは本来、このようなケースはこういう「呼びかけ」と単純に決めつけることはできないものです。私たちが抱える「現実」と私たちの「心」、そしてその奥にある「魂」との関係が、真実の「呼びかけ」をもたらすからです。けれどもその一方で、共通するいくつかの方向を持ったものがあり、それを知ることが、真実の「呼びかけ」を受けとめる助けとなることも事実です。ここでは、チェンジの呼びかけを聴くための四つの手がかりを取り上げてみたいと思います。

◉チェンジ１――とどまりなさい

まず最初は、「とどまりなさい」の呼びかけが届いていないだろうか、ということです。これは**快・暴流＝独りよがりの自信家**の煩悩を抱いているときに呼びかけられていることが多くあります。

今、直面している試練がもたらされた理由を考えたとき、その原因がかつて調子が良く順調だったときや、成功を重ねて自分のやり方を信じて疑わなかったことにあったと思い当たるようなことはよくあることです。順風満帆の状況や成功体験の中に、後の混乱や問題を生んでしまう種子があるということです。

事態が思い通りにいっている。こうすれば勝てる、利益が上がるという自信がある。そのようなとき、人は往々にして、千載一遇のチャンスを逃すまいとその流れの通りまっしぐらに進み、それまでのマイナスを一気にプラスに変える一発逆転をねらったりしてしまう――。そこにどんな危険因子があっても、事態はすべて「成功」「勝利」「獲得」のサインにしか見えなくなってしまうのです。

その結果、手を出してはいけないものを摑み、「繁栄即滅亡」の道を突き進んでしまうことは、昨今の社会的な事件を見ても枚挙にいとまがありません。

繰り返される人間関係の問題や、成功・失敗の浮き沈み。「これでうまくいく」と思ったのに、どうにも行き詰まってしまった。思いもしなかった障害が現れて計画が頓挫した……。

そのような事態は、あなたに「とどまりなさい」――謙虚な心で自分を省み、あるがままの事実を受けとめなさい、と呼びかけているのかもしれません。

今の行動、生き方をそのまま延長する前に、もう一度、初心に還り、これまでの歩みを振り返る。「それは本当に自分が願っていたことだったのか。最初の動機にかなっている歩みなのか――」。そして、これからの道のりを心に描いてみるということでしょう。「何のために私は歩みを進めるのか。この願い、目的、動機は、確かなものなのか――」

ゼロ地点に戻り、改めてめざすべき道を定め、軌道修正し、本当の意味で前に進むために立ち止まるのです。それは、最善の道をもう一度、探し出すことができるだけでなく、ときにどんな創造にも勝るものとなるでしょう。


実際に、「とどまりなさい」の呼びかけを受けとめてみましょう。今、あなたがとどめる必要があることは、どのようなことか、言葉にしてみましょう。そして、とどめることで、何がどう変わると思いますか。

◉チェンジ2――改めなさい

二番目の手がかりは、「改めなさい」という呼びかけです。これは、**苦・暴流＝恨みの強い被害者**の煩悩を抱いている場合に、呼びかけられていることが多くあります。

あなたは、仕事や人間関係でよく人に邪魔をされたり、トラブルに巻き込まれたりすることがあると感じてはいないでしょうか。

悪意のある人に足を引っ張られる。自分は悪くないのに、突然の〝アクシデント〟のような出来事で苦しめられる。降りかかる火の粉は払うしかないので、断固とした態度で行動するしかない――。不満や怒りの感情を露わにする人もいれば、冷静に見えて、怒りを抑圧しているため自分の怒りには気づいていない人もいます。いずれにせよ、「自分は正しい」「改めるべきは相手である」と確信して、いささかも疑っていないところは共通しています。

何か問題が起きると、人や出来事が自分への「悪意」や「妨害」「不正」のサインに見えてしまう。そのような人にとって、今、抱えている試練は、「改めなさい」と呼びかけているかもしれません。こだわりやとらわれ、怒りや責めの気持ちを洗い流して、自分の心と行為を改めてゆくようにと呼びかけている可能性があるのです。

「改める」とは、「今」という現状をよく見つめ、心の底から吟味して、それを本来の状態に戻すということです。これまでのやり方ではどうすることもできないなら、そのやり方を見直す。道が行き止まりなら、他の道をゆくことも考えてみる。大切なことは、自分の中にあるこだわりから離れて、もう一度、「今」を捉え直してみることです。

「改める」ことは、自分を否定することではなく、もっと自由な場所で自分を肯定するための道なのです。

実際に、「改めなさい」の呼びかけを受けとめてみましょう。今、あなたが改める必要があること、やり直す必要があることとは、どのようなことでしょうか。それをどう改め、どうやり直すのか、言葉にしてみましょう。

◉チェンジ3——担いなさい

三番目の手がかりは、「担いなさい」と呼びかけられているかもしれないということです。これは**快・衰退＝自己満足の幸福者**の煩悩を抱くときに、呼びかけられることが多くあります。

かなり深刻な事態にもかかわらず、どうもピンときていない、危機感が持てないという人がいます。「まあ、何とかなるだろう。誰かが何とかしてくれるだろう」とどこかで安心している。危機が迫って足元が脅かされているのに気づけない。迅速な対応が迫られているのに、どっちつかずの曖昧な態度で終始して先送りしてしまう……。

起こっている現実がどうしても自分から遠く感じられ、「他人事」や「安全」「順風」のサインとしか受けとめられないのです。事態を鋭敏に受けとめられないため、背負うべき責任があるにもかかわらず、事態をますます悪化させ、ついには周りをも巻き込んで破綻することも起きてしまうのです。

もしあなたに少しでも思い当たるところがあるとしたら、あなたのもとに訪れている「試練」は、「担いなさい」と呼びかけている可能性があります。「責任を担いなさい。自分の枠をはみ出して意識を広げ、鋭敏な心で、道なきところに道を切り開きなさい」と促しているのです。

これまで誰かに依存し、助けてもらうことが自然になっていたとしたら、その与えられた安定は、次なる責任を担うためのものなのではないでしょうか。訪れる試練が、「今度はあなたが、自分で新たな責任を引き受けるときですよ」と語りかけ、「担いなさい」という呼びかけをもたらすのです。

実際に、「担いなさい」の呼びかけを受けとめてみましょう。今、あなたが新たに担い、引き受けなければならないことがあるとしたら、それはどのようなことでしょうか。言葉にしてみてください。

◉チェンジ4――超えなさい

最後の手がかりは「超えなさい」という声が響いているかもしれないということです。これは、**苦・衰退＝あきらめに縛られた卑下者の煩悩**を抱くときに、呼びかけられていることが多くあります。

何かをやろうとすると、必ずと言っていいほど問題が起きて、挫折したり、断念せざるを得なくなる。始める前から、「こうなったらどうしよう、ああなったらどうしよう」と不安になり、煩悶で心が重くなる。人から、「心配するな。きっとできる。大丈夫だ」と言われても、無責任で脳天気な発言にしか思えない。そのあげく、本当は応えることができるかもしれないのに、「ダメだ」とあきらめることを繰り返してしまう……。

そのような状態に見舞われているとしたら、事態のあらゆることが、「障害」「危険」「不可能」のサインにしか見えなくなってしまうわけです。

そのような場合、訪れている試練は、「超えなさい」と呼びかけているのではないでしょうか。「不安や恐怖を超えて、今が飛び込むとき。**やるだけやって後は托身する**（身を委ねる）という気持ちで、新しい挑戦に向かいなさい」と語りかけているのです。「もうこれまでの限界や水準を超えるときが来ていますよ。あなたはすでに十分に育まれ、そのための自力をつけてきたのです。だから、このテーマを超えるときですよ」と語りかけているかもしれないということです。

それでも自分を信じられず、躊躇するときは、「まだこの壁を超えるだけの智慧と境地を育んでいないかもしれない。けれども、私にはどうしてもこの壁を超えて果たしたい願いがある。だから、持てる智慧と境地を全部使って最善を尽くす。そして、可能な限りの協力を求めて力を合わせて挑戦してみよう」と心に念じて試練に向かうのです。

実際に、「超えなさい」の呼びかけを受けとめてみましょう。今、あなたが「超える」必要があるのは、どのようなことでしょうか。それをどう超えてゆこうと思いますか。実際に言葉にしてみましょう。

11

チャレンジ(Challenge)——新しい人間関係、新しい現実をつくる

チャレンジとは、もともとの「魂」の願いを思い出し(Charge)、魔境・悪因を転換して(Change)変わった私たちが、その新しい自分で新たな人生の開拓に挑戦(Challenge)することである。

「新しい心」「新しい人間関係」「新しい現実」が人生を再生する

試練の呼びかけに応える最後のチャレンジ(Challenge)とは、「新しい現実」をつくり出す一歩を踏み出すことです。様々な事態や問題を前にして、あなたが繰り返してきたいつもと同じ生き方——。「いつもと同じ気持ち」で「いつもと同じ人間関係」をつくり、「いつもと同じ結果」を導いてしまう。その生き方をチェンジしたら、今度は、「新しい心」で「新しい人間関係」をつくり、「新しい現実」を開拓することがチャレンジです。「新しい心」「新しい人間関係」

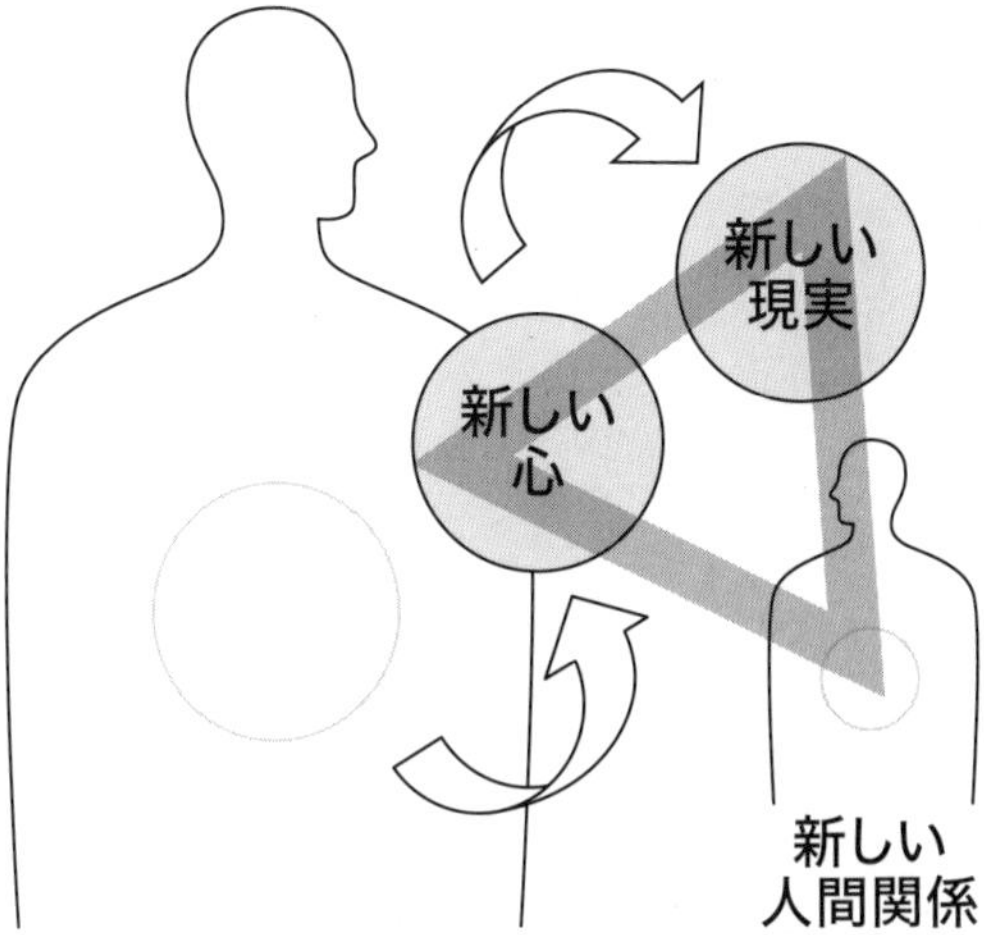

図11-1　人生再生のトライアングル

「新しい現実」とは、いわば**「人生再生のトライアングル」**と呼ぶべきものです（図11－1）。

「とどまりなさい」のチェンジ（Change）を促された人には、他人の言うことに耳を傾け、受けた恩恵に応えてゆくチャレンジの一歩が待っています。「改めなさい」のチェンジには、自分の愚かさを自覚し、他に共感する新たな一歩がチャレンジとなり、「担いなさい」のチェンジには、独立心を養って新たな責任を引き受ける一歩がチャレンジとして呼びかけられ、そして「超えなさい」のチェンジには、新たな分野やテーマに挑戦することがまさにチャレンジの呼びかけになるでしょう。

さあ、いかがでしょう。私たちが直面する「試練」は、このようなチャージ・チェンジ・チャレンジの呼びかけを運んでいるのです。その試練からの呼びかけを聴き、それに応えるとき、私たちは、真に豊かな人生への一歩を歩み出すのです。

そのとき、どんな状況が訪れるのでしょうか。

まず、**「試練に強くなり、状況に振り回されなくなる」**でしょう。

試練としっかり向き合い、対話することによって、試練は、あなたを損なうものではなく、あなたに必要な何かを教えるものであり、あなたの内側から可能性、智慧や力を引き出すものであることがわかってくるはずです。

次に、**「本当の親友、助力者が現れる」**でしょう。

試練が重ければ重いほど、それを乗り越えるには、本当の親友と呼べる人、自分の気持ちをわかってくれて志を同じくするような協力者が必要です。切実に「問題を解決したい」「夢を実現したい」と願うとき、私たちは、そういう方を探そうとするでしょう。あなたの本気が、よき協力者を見出し、呼び出してくるのです。

そして、**「思わぬところから道が開かれてゆく」**体験をすることでしょう。

私たちの想いと行い、協力者など必要な条件が整ったとき、必ず〝結果〟が形となって現れるという法則があります（「因縁果報の法則」。詳しくは拙著『あなたが生まれてきた理由』［三宝出版刊］二七七〜二八四頁などを参照）。世界はすべて、その法則のエネルギーの流れによって動いていると言っても過言ではありません。

呼びかけを聴き、応える過程で、私たちの心が準備され、条件が整ってくると、必然的にそのエネルギーの流れに乗るようになります。その結果、思わぬところから問題解決の糸口が現れたり、まったく想像もしなかったところから道が開かれてゆくような不思議な体験も起きるのです。

それは、一羽の鳥がジェット気流に乗ることで、数千キロの旅が可能になることと似ています。世界には、ただ一人の努力だけでは行けない次元、開かれないステージに人や事態を運んでゆく〝力〟が流れているのです。その可能性と力を、世界が試練を通して私たちに与えてくれようとしている──。それを受けとめる手がかりこそが、「呼びかけ」にほかならないのです。

あなたにとって、「新しい心」「新しい人間関係」「新しい現実」とは、どのようなものだと思いますか。具体的に考えてみましょう。

チャージ・チェンジ・チャレンジの力――実践例①

チャレンジを実践することは、実際に、「新しい心」と「新しい人間関係」によって「新しい現実」を生み出すことに尽きます。それらは、どのように生まれ、連鎖してゆくのか。ここでは、実際に「魂の学」を学ばれている方の実践をお伝えすることで、皆さんのチャレンジの取り組みの参考にしていただきたいと思います。

◉重度心身障害児の教育に携わる

これからご紹介するのは、小学部から高等部までを擁する養護学校の教諭として、重度心身障害児の教育に携わってこられた井川真一さん（四十代、仮名）の実践です。重度心身障害児は、知的な障害と身体の障害の両方を抱えて、日々の生活自体に多くの支えを必要としている子どもたちです。たとえば、体温の調節ができない子は、冷暖房設備を持たない場所で夏や冬を過ごせばたちまち生命の危機に陥り、また気管切開を行って呼吸の確保をしている子の場合は一定時間ごとに痰を取り除くなど、多くの生徒たちが生命の危険を抱えています。子どもたちは、教育の指導だけでなく医療的なケアを同時に必要としており、担任の先生の負担は実に大きなものとなります。

重度心身障害児の教育に関わる先生方は、一生懸命、生徒たちに尽くされる方が少なくない一方で、その負担の大きさにより消耗し、燃え尽き症候群に陥る先生も少なくありません。そのような環境の下、井川さんは、その養護学校の中で数人の先生と共に重度心身障害の生徒たちの指導に関わってきたのです。

◉突然訪れた試練

井川さんが担任として指導してこられた生徒のA君――。彼は、養護学校にとっても初めての重度の心身障害を抱えた生徒だったこともあり、井川さんや一緒に重症の子どもたちの指導を担当する教諭のグループにとって、特に気持ちを注いできた生徒でした。その甲斐あって、様々な曲折があったものの、中学部では教職員の協力を得ることができ、校外学習や修学旅行も同行することができました。Ａ君のことはできるだけのことはやった……。そんな達成感のような充実を井川さんたちは感じていたのです。

　そのＡ君の高等部への進学にあたり、井川さんが担任として、高等部側への申し送りの会議に臨んだときのことです。そこでの冒頭、高等部の先生から次のような発言がありました。

「高等部としては、Ａ君の指導に関して、残念ながら特別な配慮はできません。野外学習や修学旅行についても参加は難しいと思ってほしい。……もしそれ以上のことを望むなら、高等部ではなく、これまで重度心身障害の生徒たちを見てきたグループの先生方にお願いしたい」

　井川さんは、中学部でもできたのだから、当然、高等部でも可能なはず、ましてやＡ君やご両親にとって、それがどれほど貴重な体験であるかを思って、思わず抗議しました。「受け入れるとは、そういうことも含め、高等部が対応することでしょう」。しかし、高等部側の見解が変わることはありませんでした。そればかりか、やり取りの中で、「ご両親からは承諾をもらっている。もう義務教育ではないのだから、もし気に入らないのなら……」という発言まで飛び出しました。

「A君には、何とか高等部でも希望に満ちた学校生活を送ってほしい……」。そう思っていた期待は打ち砕かれ、申し送りの場は一転、試練の場になったのです。

◉動き出す魔境のトライアングル

そのとき、井川さんの気持ちは、ほとんど切れかかっていました。「義務教育かどうか、それは関係ないだろう。こんなことは学校としてあり得ないだろう。一体、子どもたちのことをわかっているのか……」。そんな気持ちでした。そして、中学部に戻り、グループの先生方に報告すると、みな怒り心頭になって、これから高等部に抗議に行くかというような状況になったのです。

井川さんがこの事態に対して引き出した憤り――。苦・暴流の批判と正論の想い、それが井川さんの「いつもと同じ気持ち」でした。そして「自分は正しい、相手は間違っている」が「いつもと同じ人間関係」。そして、そこから生まれてしまう「対立・萎縮の現実」が「いつもと同じ結果」でした。

これまで重度障害の生徒たちの指導を続けてきた日々の中で、何度となく味わってきた不理解の壁、理不尽な対応……。一体どれだけ苦汁を呑まされてきたことか――。そのたびに、井川さんの中で回り続けたのが、「批判と正論の想い」→「自分は正しい、相手は間違っている」→「対立・萎縮の現実」という「いつもと同じトライアングル」だったのです。

◉悪因切断の失敗

「魂の学」においては、訪れた試練に向かい合い、その呼びかけに応えてゆくメソッド（方法）が様々に用意されています。その多くのメソッドの中心にあるのは、「願い」を確かめるというステップです。今、試練を前にして、あなたが本当に願うことはどういうことですか――。そうした問いかけの答えを、自分の心に求めてゆくのです。それはチャージの段階と言えます。

井川さんも、この試練に対して、「A君が希望を抱(いだ)くことができ、その可能性を精いっぱい開くことのできる高校生活を送ること」という自分の願いを何度も確かめていたに違いありません。

そして、井川さんは、苦(く)・暴流(ぼうりゅう)の気分を抱(かか)えながらも、その呼びかけに応えるために、手がかりとなるシートに取り組んで、この事態を暗転(あんてん)させる悪因(煩悩(ぼんのう))を見取ってゆきました。

煩悩は、苦・暴流。「義務教育であるかないかなんて関係ない」「子どもたちのことをわかっているのか」……。その想いは、確かにあのとき、魔境(まきょう)をつくった井川さんの中で渦巻(うずま)いたものでした。しかし、悪因として記(しる)したにもかかわらず、井川さんはどうもしっくりこないと感じたのです。自分の中にそういう気持ちがあるのはわかる。けれど「やっぱり相手が悪い」としか思えなかったからです。

そんな井川さんが「魂の学」を学ぶセミナーで、教育だけでなく、経営や医療分野の仲間にもそのシートの取り組みの分かち合いをすることになりました。そのとき、周囲のメンバーからは、「これははっきり言って、まだ『**こうだったから、こうなってしまった**』という段階だよ。他人のせいにしているね」、つまり、「原因は自分にはない」という見取りになっていて、自分が「**こうさせてしまった**」にはなっていないという率直な意見をいくつももらうことになったのです。

このとき、井川さんは自分でもしっくりしていないことを感じていたように、試練を暗転させる「魔境」のトライアングルの中心、悪因の根幹にある本当の気持ちを摑んでいなかったのです。

◉チェンジ——悪因切断の瞬間

それからしばらく経ったある日、井川さんは、自分の中にこんな落胆の気持ちが強くあるのを発見しました。「この学校に赴任してきて八年。八年間、自分なりにやってきて、その最後の結果がこれか」——。そこに、「自分はこんなにやってきた」という気持ちを見出したのです。井川さんは重度心身障害児の教育に懸命に携わる中で、県が主催する研修講座の講師に選ばれたり、障害児教育に関するシンポジウムで発表者として招かれたり、全国大会に出席したり、その歩みが認められるようになっていました。そうした中で、井川さんは、自分の中に知らない間に「他の人にはできないことをやっているぞ」というような、何か鼻高々になっている気持ちを発見して、ハッとしたのです。

つまり、自分が切断すべき悪因、魔境のトライアングルをつくり出している本当の原因は、この気持ちであったことを発見したということです。先に触れたように、悪因を切断するためには、魔境のトライアングルをつくり出している本当の原因を摑まなければなりません。核心を摑まなければ悪因切断はできないからです。井川さんは、このとき、その核心を発見し、そうすることで、悪因切断の準備を整えたのです。

◉呼びかけが聴こえてきた

井川さんは、その優位の想い、快・暴流の傾向を悪因の核心と捉え、その切断のための菩提心として、「稲穂の心」を定めました。「自分がやってきたことは多くの助力があってこそのこと。どれほど支えられてここまできたことか」。その気持ちを大切にしようとしました。
そして、悪因を切断し、すっきりした想いで事態に向かい合ったとき、事態がまったく新しく見えてきました。

高等部の先生方が、なぜあれほど頑なだったのか、それは、実はA君を受け入れることについて、大きなプレッシャーを感じていたのではないか。A君が校外学習や修学旅行に行くこと自体を拒絶したいのではなく、もし「全部引き受ける」と言ってしまったら、後で何か問題が起こったとき、どうすることもできなくなる。だから、ある程度、防衛線を張って見守るしかないということだったのではないか――。そして、自分の中にも、「A君のことはこれだけやってきた」という気持ちから、「高等部の先生方は本当にそれだけできるのか、お手並み拝見」というような想いがあったことを思い出したのです。

悪因を切断することは、自分の本当の願い、もともとの動機をも鮮明に蘇らせることになります。「A君の未来を少しでも輝かせたい――」。その願いがより強く、より鮮やかに呼吸を始めたのです。つまり、チャージがより深まったのです。

「自分は高等部の先生たちに、もっと同伴し、もっと支援すべきだった——。そうすれば、高等部側ももっと安心してA君を受け入れることができたかもしれない——」

井川さんが、そう思うことができたのは、悪因を切断したことによって、自分が何をとどめ、どう改めればよいのかが明らかになり、あの試練が呼びかけていたことがはっきりと聴こえてきたということではないでしょうか。

◉チャレンジの歩み

ここから井川さんのチャレンジの歩みが始まってゆきます。井川さんは、当時、「同伴の行」に取り組みました。同伴するとは、傍らに寄り添い、重荷を共に背負うこと。その方の可能性を信じてそれが引き出されるように願い、できる限り助力する心です。それは、「内なる光を引き出す菩提心」(善因開墾の菩提心)として「大地の心」を掲げていたと言うことができるでしょう。井川さんは、「自分が同伴することによって、高等部の先生方の不安を解消できれば」と考えたのです。

たとえば、先生方に重度心身障害の子どもたちのことを知っていただく機会を増やすようにしました。そして、先生方に時間を取っていただき、重度の子どもたちは、実際にどういう障害を抱え、どのような生活を送ってきたのか、どのように学校で過ごしているのかを、映像を交えながらじっくりと伝える説明の機会を設けることができました。

そのような歩みの中で、高等部の先生方は大きく変わってゆかれます。最初に高等部で開催される新入生を迎える歓迎会でのレクリエーションについては、井川さんは「身体の大きい生徒たちが動き回るから危ない。その雰囲気だけでも端の方で感じさせてあげられれば」と思っていたのに、「特別な配慮はしない」と言っていた高等部の先生方が、「私がA君の安全確保を担当します」と言ってくださり、A君も参加できることになったのです。

最近では、「重度心身障害のグループで手が足りないときには、私たちが看るから連れてきて」とまで、おっしゃってくださるようになっています。

今年に入ったある日のこと、高等部のある先生が「井川先生、ほら、これ」と言って、一枚の写真を見せてくれました。そこには、岸辺で、カヌーに乗せてもらっているA君のまぶしい姿が写っていたのです。A君は、皆と一緒に野外学習に参加することができたのです。

◉「Why」を問い続けてきた日々

井川さんの日常は、「What」と「How」に応え続けなければならない多忙な日々にほかなりません。次から次に要請がやって来て、それに対応しなければ子どもたちの命さえ危うくなってしまう。しかし、井川さんは同時に、一体何のために自分はここにいるのかを問い続けてこられたように思います。

井川さんの養護学校の教員としての始まりは、大きな挫折から始まりました。大学卒業後、最初に赴任した学校で初めて担任したクラスの子どもたちの中に、重度の障害を抱える生徒がいました。今、井川さんが出会っている子どもたちの障害に比べれば、その程度は軽いものでした。しかし、当時の井川さんにはどうすることもできないまま、その生徒が家のお風呂で溺れて亡くなってしまうという事故が起こったのです。

それからしばらくして、井川さんと出会う機会があったとき、私はその亡くなった生徒さんについてお話しさせていただきました。そして、「助けがなければ、這い上がれないような障害を持った子どもを前にしたときに、『あなたはどう生きるの』、人生はそう問いかけているよ」とお伝えさせていただいたのです。

井川さんの「Why」は、この挫折、そしてこの問いかけを意識したときから始まったように思います。そして、井川さんの養護学校での歩み、それは、この「Why」に答えを出すためのものでもあったのです。

その「Why」に最初の答えをもらったのがその三年後でした。同じ学校で、言語訓練を通じて自閉症のB君と出会ったこと。B君は自傷、他傷行為がひどくなり、精神安定剤が必要となって、両親もクラス担任の先生もどう関わってよいかわからなくなってしまったのです。そのとき、井川さんが、根気よくB君に関わることで深い心の交流が生まれました。その中で、B君は薬が必要でなくなり、ご両親とも絆を結び直すことができ、当初難しいと言われていた言葉まで話すことができるようになったのです。

障害を持つ子どもたちにも道はある――。このとき、井川さんはそう確信できました。「教えを詰め込むのではなく、子どもたちの内なる可能性を信じ、見守り、それを引き出してゆく教育がしたい」と願いを確かめたのです。そして、今も井川さんは、その「Why」の答えを確かめ続けています。

◉はじまりに願いがあった

井川さんがなぜ教育の世界に入っていったのか――。それを知るには大学生のときに遡らなければなりません。井川さんは大学時代、ある学習塾で教育の実践に携わっていました。その塾の最後の一年が、ちょうど井川さんが大学四年のときでした。

当時、井川さんは、卒業後ある企業に就職することがすでに内定していました。しかし、その最後の一年の実践の中で、「自分は子どもたちから離れてはいけない」、そんな気持ちが日に日に強まってゆくのを感じていたのです。井川さんは、ついに内定していた就職を断って、教育の道に踏み出すことを決心しました。当然、試験も受けておらず、教育の道が開かれるあてもなかったのにもかかわらずです。

その判断を生み出したもの――。それは、井川さんの心の深奥にあった魂の疼きであり、魂の願い、魂願にほかならないと私は思います。

もしこの判断がなければ、ここで触れた一切の物語、A君にまつわる光転の現実も、B君の光転の現実もすべて立ち消え、この世界に現れることはなかったと言えるでしょう。

そしてそれ以上に、その判断以降のすべての現実が消えてしまいます。井川さんは、そもそもその道のりにあった様々な試練のすべてと出会うこと自体がなかったということです。

つまり、井川さんがA君に関する試練をはじめ、多くの試練をなぜ引き受けることになったのかと言えば、それは、最初に願いがあったからということなのです。

試練は、何もないところに、ただ漠然とやって来るものではありません。そのはじまりに願いがあるからこそ、そこに現れるのです。願いが先で、試練は後――。その願いを果たすために、私たちは試練を前にしているのです。

「こうだったからこそ、こうなれた人生」を生きる――実践例②

突然に訪れる試練ばかりでなく、私たちの人生そのものが大きな試練となってしまう場合があります。人生に与えられた条件が、宿命としか言いようのない大きな束縛をもたらすことがあります。

◉人生そのものが試練だった

秋元昌夫さん（四十代、仮名）は、まさにそのような試練、宿命としての人生の条件を背負われながら、そこから今、本当の自由に向かって歩まれている方です。

秋元さんの人生の形にもっとも大きな影響を与えたのは、金属関連会社の経営者であった父親です。朝鮮半島の生まれで、十代後半には日本に渡り、苦労を重ねて会社を興した父親は、豪傑と呼ぶにふさわしい人でした。

たとえば、取引先の工場長が、秋元さんに懐かしそうにこんなことを話してくれました。「二五〇キロもある銅くずの塊を『素手で運んだら全部ただでくれてやるよ』と冗談のつもりで言ったのに、お前の親父はそれを一人で抱えてトラックに乗せちまった。すごかったなあ」
酒量も半端なものではなく、一晩にビール三十本くらいは当たり前。しかも、どんなに飲んだ後でも、三、四時間仮眠をとって朝六時には必ずきちんと仕事を始めるという人でした。

しかし、そんな豪快な父親にもどうにもならない想いがありました。お酒を飲むと口癖のように「仇を討て」という言葉を繰り返していたのです。

秋元さんの家系はもともと武官の家柄でしたが、祖父の代で没落し、生活のために人糞や死体を扱う、人が卑しむような仕事をしなければなりませんでした。そのため、村ではずいぶん蔑視され、若い頃からそれを見ていた父親は、「いつか成功して見返してやる」と思っていたのです。仇を討つとは、「故郷に錦を飾って見返してやる」という意味でした。

同時に父親が抱えていた苦しみは、当時の在日韓国人、在日朝鮮人の方々に対する様々な差別の問題でした。就職や結婚の障害となり、人間関係の大きな壁になるばかりでなく、たとえば、警察官が在日の人々の家には靴も脱がずに上がり込むということもあったと言います。一方、朝鮮半島の同胞からも日本にいる在日の方は半チョッパリ（半分日本人）と呼ばれていました。日本人からも蔑まれ、同胞からも蔑まれていたのです。そのためにつらい想いをしたことは数知れず、父親は口癖のように「国がないのは、犬畜生にも劣る」と嘆いていたのです。

そして、この差別の問題は父親の世代だけではなく、秋元さんにとっても厳しい人生の条件となって、暗い影を落としてゆきました。

◉闘争と破壊──「こうだったから、こうなってしまった人生」

少年時代、秋元さんには毎日のように一緒に遊ぶ一番の仲良しだった友だちがいました。家の前で「村山くーん」と呼ぶと「はーい」と返ってくる。それが何ともうれしかったのです。ところがある日、「村山くーん」と何度声をかけても声が返ってきません。村山君が家の中にいる気配が感じられましたが、しばらくすると母親が出てきて「息子はいません」と断られてしまったのです。「どうしてこんな意地悪をするのか」と子どもながらに思いました。

そんな想いをしたことは、一度だけではありません。仲間はずれにされ、独りぼっちの寂しさを何度も味わった秋元さんは、「どうして……。同じ人間なのに何が違うんだ。朝鮮人だったら、何がいけないのか」という想いの中で、人や世界に対していつも敵対的な関係をつくり上げてゆかざるを得なくなってゆきました。秋元さんが人生の中で引き出したのは、苦・暴流＝恨みの強い被害者の傾向です。人間関係や事態から、知らず知らずのうちに「悪意のサイン」を受け取って、人間不信、世界不信に基づいて険悪な現実をつくり上げてしまうことになります。

　小学校からガキ大将になり、気持ちはどんどん荒れて、高校生になる頃には、他校に出かけていっては喧嘩を繰り返すような不良になっていました。さらに、喧嘩も生きるか死ぬかというところまでエスカレートしていったのです。

　二十歳になった年の大みそかのこと――。友人たちと行ったディスコで喧嘩が始まり、秋元さんも加勢しましたが、いつの間にかわずか三人で二十人近くを相手にすることになってしまい、ひどく殴られ、あばら骨を骨折、最後はビール瓶で頭を叩かれて血だらけになってしまいました。

　そんな大立ち回りを繰り広げて家に帰った秋元さんは、父親から「よくやった」と少しはやさしい言葉をかけてもらえると期待していたと言います。ところが父親は「お前の兄は、一対七で喧嘩して勝った」と一顧だにしなかったのです。秋元さんはショックを受け、心の中で「一体どうすれば認めてくれるのか」とつぶやいたのです。

◉虚しさが人生からの呼びかけだった

ある日、会社の帰りに秋元さんは車の接触事故を起こします。出会い頭の接触にすぐさま「悪意のサイン」を取り出し、「相手がわざとぶつかった」と思いました。そして、相手が車から出てきた瞬間、鉄拳を加えていたのです。拳法で鍛えていた一撃に、相手は前歯を折り、顔は血だらけでした。やがて警官が来て警察署に連行されたのですが、秋元さんは、まったく自分が悪いとは思わず、調書を取られ、留置場に入ることになって、初めて自分が加害者であることに気づいたと言います。

そのような日々の中で、秋元さんが強めていったのは、「結局、力とお金がなければ、人間は人間として認められない」という想いでした。

それを手にするために、焼肉店の店長さん、金融業にパチンコ店、ポーカー・ゲーム喫茶などの仕事を転々とし、根無し草のように「今が楽しければそれでいい」という生活を続けていました。夜になると、肩で風を切って銀座の街を闊歩していました。

しかし、どんなに羽振りがよくても、秋元さんの心が本当の意味で元気に充実していたかと言えば、そうではなかったのです。自分を持ち上げようとすればするほど、逆に秋元さんの人生は沈み込み、暗転の力をとどめることができませんでした。

一人になると虚しい気持ちに襲われるようになり、夜は何とも言えない重圧が自分を押しつぶすように感じられ、その恐怖を紛らわせるように友人たちと騒いでいたと言われています。

その虚しさは、人生という試練からの呼びかけにほかなりませんでした。

◉悪因切断による「こうだったけど、こうなれた人生」への歩み

秋元さんが「魂の学」と出会い、GLA（二二二頁参照）でそれを学ぶよう

になったのは、二十六歳のときのことです。私の講演会に誘われて参加され、そのとき耳にした「勇気ある愛」という一つの言葉が心を直撃して、忘れられなくなってしまったのです。それは、秋元さんが自分の心の底にある願いにつながった「チャージ」のときでした。

「自分は力を求めて拳法を磨き、お金も稼いできた。でも本当の強さとはこの勇気ある愛というものではないだろうか――」。自分を捉えて放さないこの言葉によって、秋元さんは、新しい歩みを始めることになりました。「勇気ある愛」とは、秋元さんにとって、願いであり、心の底で輝く「菩提心」を呼び覚ます言葉だったのです。

「魂の学」を学ぶ歩みの中で特に大きかったのは、6章で取り上げた「煩悩」についての研修でした。自分の心がどのような傾向を持ち、具体的な現実と出会ったとき、どう動くのか。秋元さんは、自分の内側を摑む力を深めてゆく中で、自分の中にある苦・暴流の煩悩が「悪意のサイン」を取り出し、不満や批判によって周囲の人たちと対立したり、萎縮させたり、破壊的な現実を繰り返し導いていることを少しずつ摑めるようになりました。

何かあると「こうなってしまった」「悪いのは向こうだ」と決めつけ、荒々しい行動に出ていた秋元さんが、この事態は自分が「こうさせてしまった」かもしれないと受けとめられるようになったのです。

それはまさに、自分を支配する煩悩をとどめて転換しようとする「チェンジ」の歩みであったと言えるでしょう。それは同時に、自分の中にある素直な気持ち、本心と願いをより確かにする歩みでもありました。

それが秋元さんにとって、どれほど大切な歩みだったでしょうか。煩悩の詳細を図として示したものを、「煩悩地図」と呼んでいますが、その煩悩地図を目にしたとき、秋元さんは、「絶対に忘れてはならない。魂に刻み込んで、死んだ後にもこれをあの世に持って帰らなければならない」と思われたそうです。どうしたら魂に刻むことができるのかと、それから半年間、毎夜寝る前にその図を暗記し続けたほどだったのです。

そうして秋元さんは、繰り返し現れていた「魔境」の「いつもと同じ気持ち」「いつもと同じ人間関係」を、「新しい心」「新しい人間関係」へと転換し、「新しい現実」を生み出す歩みへと近づいていったのです。

◉チャレンジの歩みが始まった

様々な意味で、新しい人生の大きな節目となったのは、お兄さんの病でした。お兄さんも、ある意味で秋元さん以上に突っ張って生きてきた方です。家族の中では、父親の亡き後、一家の大黒柱、一家をまとめていた要の存在でした。今から六年ほど前、そのお兄さんがガンに冒されていることがわかり、亡くなるまでの四年間、秋元さんはいわば同伴者として歩まれたのです。

ところがその始まりは、お兄さんとの衝突でした。秋元さんがお兄さんに意見をして、喧嘩別れになってしまったのです。在日の方々の家族観では、目上の方に対する尊敬と従順は当然のものです。とりわけ一家の中で圧倒的な影響力を持っているお兄さんの言うことは、絶対に聞かなければならないものでした。その衝突の後、秋元さんはお兄さんが恐くてしかたがありませんでした。明日会わなければならないと思うと、震えが生じてどうすることもできないほどでした。

秋元さんは、覚悟を決め、朝早く起きて、何時間も前からお兄さんを待ち、ベランダに土下座して「兄貴、話を聞いてくれ」と頭を下げました。ところが、

「うるさい、お前が何しようと、俺は絶対受け入れない！」と拒絶されてしまったのです。しかしそれでも、秋元さんは、少しも感情的になることなく、つまり煩悩に呑み込まれることなく、毎日、菩提心を心の中で何百回も唱え続けたと言います。「新しい心」でお兄さんとの「新しい人間関係」を念じ、現そうとし続けたのです。

そのような中で、次第に二人の間に新たな絆が生まれてゆきました。あるとき、秋元さんがお兄さんに自分の「魂の学」の理解と実践の歩みを話していたときのことです。話が一区切りついたとき、お兄さんは一言、「人生の智慧は、お前の方が勝ちだな……」とポツリと言われました。それは、お兄さんが秋元さんのことを本当に認めた瞬間でした。

それ以来、何かと秋元さんを頼りにされ、心を開かれて、何かあると「あいつを呼んでくれ」と言われるようになったのです。

あるときには、あんなに強かったお兄さんが「抗ガン剤を使ってもあと一年か。それで、俺はもう死ぬのか」「一人でいると気がおかしくなりそうになる。一人で寝ていられない」と不安を口にするようになりました。秋元さんは、そのお兄さんを受けとめ、励まして、落ち着いて自分の本心を取り戻せるように、同伴者として心を尽くしたのです。お兄さんは最期、ご家族を抱きしめ、「ありがとう、ありがとう」と言って、心穏やかに人生を旅立ってゆかれました。

家族との関わりは、親しさと同時に、人生の深いところの束縛を伴ったものです。その関わりを新たにできたこと。それはまさに菩提心という「新しい心」と、魂としての「新しい人間関係」によって、「新しい現実」を生み出すチャレンジの歩みそのものでした。

そして、このような心と現実の転換の背景には、秋元さんのもっとも深い次元――魂の次元に生まれた大きな変容があったのです。

◉すべては、魂として生きる条件――「こうだったからこそ、こうなれた人生」へ

「神の御前にすべては平等」という言葉があります。この世の地位や財産、職業などがどれほど違っていようと、神様はすべての人間を平等に受けとめて扱われる、というほどの意味です。しかし、与えられた人生の条件に苦しみ、もがいてきた秋元さんにとって、この言葉は、ある意味で、かつてもっと

も嫌いな言葉でした。「そんなことは嘘だ。神なんているわけないじゃないか。自分たちは差別の中で生きている。そもそも、この世界はあらゆることが不平等だ。平等なんか一つもない。何が神の御前にすべては平等だ！　ふざけるな！」。そんな気持ちでした。

　しかし、秋元さんは、その気持ちが一変してしまうのを体験することになります。

　今から十年ほど前に、秋元さんは、ＧＬＡのセミナーで「魂の所以に遡る瞑想」（一四七頁参照）を体験する機会がありました。その中で、自分とは思えないようなものすごい情動が内から突き上げて涙が止まらなくなり、自分の知らない言葉で次から次に何かを語り出しました。瞑想が終わり、ふと外に出た秋元さんは、同じはずの光景が何か光で洗われたように輝くのを目にしたとき、「ああ、人間は本当に永遠の生命だったんだ」と思いました。「人は、いろいろな国に生まれてその世界で修行する。ならば、本当に、神の前にすべては平等だ――」。すべては、魂がこの世界で生きるための条件であることが心の底からわかってしまったのです。知識を超えて本当に胸落ちしたのです。

私たちは、人をつい外から見える形で判断してしまいます。たとえば、容姿がいいとか悪いとか、お金持ちか貧乏か、地位が高いか低いか、何の職業か、健康か病気か……。しかし、それはすべて魂としての修行の条件なのです。

それだけではありません。国籍や人種についても同じです。私たち人間が永遠の生命を抱く魂の存在として、永い転生の歩みを続けているのは、様々な国、様々な文化の中に生まれ、その中で多くの経験を糧として学び、深化してゆくためなのです。

「宿命としての人生の条件の中で、苦しんできた自分だからこそ、本当の自由の歓びがわかる。それを条件として受けとめて生きることのすがすがしさがわかる。一人ひとりの魂の尊厳を受けとめることができるとは、何と素晴らしいことだろう――」

そのようにあらゆる現実を受けとめ、そこに投げかけられる呼びかけに応えて生きてゆくことこそ、まさに秋元さんが心の底で願っていた「勇気ある愛」の生き方ではないでしょうか。

今、秋元さんは、厳しい宿命を背負ったからこそ、抱くことのできるやさしさと強さをその心に湛(たた)えています。かつて心を本当に通(かよ)い合わせる友人を持たなかった秋元さんですが、今は互いを切磋琢磨(せっさたくま)できる、人生の宝としか言いようのない心からの友人たちに囲まれています。

それは、「こうだったからこそ、こうなれた人生」の歩みをすでに始めている姿です。そしてそれは、私たち人間の誰(だれ)にも許(ゆる)された、すがすがしい生き方なのです。

ここに示された井川さんや秋元さんの歩みを参考にして、あなた自身のチャージ、チェンジ、チャレンジの歩み、その道のりを心に描(えが)いてみましょう。

おわりに――コーリングの世界へ

響(ひび)きわたる呼びかけ(コーリング)

試練は呼びかける――。

人生の試練を呼びかけ(コーリング)と受けとめ、それに応(こた)える生き方は、試練がもたらしている苦境(くきょう)を解決するばかりか、私たちの心の底(そこ)にあった願いを果(は)たし、人生のテーマを成就(じょうじゅ)することにもつながってゆく――。今、直面している事態から、その親密(しんみつ)で遙(はる)かな呼びかけ(コーリング)を、私たちは十分に感じることができるようになったでしょうか。

しかし、呼びかけ(コーリング)は、私たちの試練だけに訪(おとず)れているものではありません。人生の岐路(きろ)に立ったとき、未来の夢(ゆめ)を描(えが)くとき、家族のことを想い、子どもたちの将来を案(あん)じるとき、自分の生き方に想いを巡(めぐ)らせるときにも訪れています。

それだけではないでしょう。創造的な営みに向かうとき、大切な仕事の企画に取り組むときにも、何気ない一日のひとときにも、読書のときにも、呼びかけは響いています。

自分の中に息づく願いも、人生を貫く、やむにやまれぬ内なる疼きもまた、コーリングの世界に属するものです。心の発見から、人生の目的と使命の成就まで、人生の真実を探求してゆく歩みもコーリングの世界と切り離すことはできません。

かつて、すぐれた宗教家の多くは、大自然の中に身を置き、険しい岩山の上で、木漏れ陽の中で、星降る夜空の下で、呼びかけを全身で受けとめました。彼らの日々は、現象世界での闘いとともに、呼びかけを送ってくるもう一つの次元——私たちの一切を知り、見守っている宇宙の源の次元、大いなる存在の次元との交感を前提としていました。彼らはその交感によって、それまでの常識や旧来の観念を突破し、新たな真実へと肉迫しました。

彼らが示した新しい人間の歩み——。それは、修行と求道の日々を通じて深めた体験と思索が、遙かな呼びかけと結びついて結晶した直観と悟りに支えられていたものです。

私たち一人ひとり、山川草木（さんせんそうもく）の一つ一つ、宇宙を構成するあらゆるエレメント（要素）自体が、宇宙の真理を体現（たいげん）し、その響きを辺（あた）りに放（はな）って共鳴（きょうめい）し合っているのです。彼らが見ていたのは、今、こうして私たちが描（えが）くことができる、響き（コーリング）が満ち満ちる、生命感あふれる世界にほかなりません。

私たちは、誰（だれ）もがみな、その世界に生きる一人ひとりです。呼びかけ（コーリング）が響きわたる世界に、果たすべき願いを抱（いだ）いて人生を営んでいるのです。

もう一つの次元との対話と反芻（はんすう）を重ねる中で

私自身も、呼びかけ（コーリング）に誘（いざな）われ、導（みちび）かれてきた一人です。人生の節目（ふしめ）、試練のとき、挑戦（ちょうせん）のとき、いつも私は、呼びかけ（コーリング）を尋（たず）ねて現実と向かい合ってきました。

とりわけ、それを身近（みぢか）にしたのは、幼い頃（ころ）から重ねてきた霊的（れいてき）体験でした。

その中には、まさに響き（コーリング）の世界に触（ふ）れるような一連（いちれん）の体験がありました。たとえば、五歳の頃、体調を崩（くず）して意識を失（うしな）い、目を覚（さ）ましたときに遭遇（そうぐう）したのは、見たこともない、辺（あた）りに白銀（はくぎん）の不思議な光と波動が充満（じゅうまん）する場所でした。自分を含めたすべてが、ヴェールを脱ぎ捨てたみずみずしさでそこに佇んでいました。あえて言葉にするなら、互いが発する様々な響きで、すべてが一つにつながり、触れ合わなくても、何でもわかってしまう感じだったのです。

「ああ、これだ。そうそう、そうなんだ――」

その体験を終えて、普段の肉体と意識に戻った後も、私はそうした体験を忘れることはできませんでした。

目の前にしている日常の世界と、普段は隔絶している魂の次元を、いつも隣り合わせに感じる中で、私は、事あるごとに心の深奥に潜行して、そこに響いてくる呼びかけを尋ねました。そして、そうした日々を送ることで、私は内界と深く交わり、コーリングの世界に親しむようになっていったのです。

この道を歩む途上で出会い、触れることになった多くの方々の人生も、私を一層深くコーリングの世界に導いてくれました。その方々の現実はみな、手に余るような重さを湛えていました。長年の家族の葛藤を抱えて苦しんでいる方、重い病を抱え、死に直面して不安におののいている方、わが子の引きこもりに為す術なく立ちすくんでいる方、多くの従業員の生活を負いながら企業経営の試練を迎えている方、新たな人生の門出を前に行くべき方向を見失っている方、転機を感じながらそれを掴みきれずに逡巡している方――。私は、そのお一人お一人の人生に同伴して、真理（神理）の指針と自らの直観を信じて関わらせていただきながら、必ずもう一つの次元との対話と反芻を重ねるようになりました。

　それが危急のときであればあるほど、また抜き差しならない事情を抱えていればいるほど、私は祈りを深めずにはいられませんでした。そして、自分が感じていること、見定めた判断に不足や偏りがないか、さらに私が受けとめるべき呼びかけがないか、もう一つの次元に幾度も尋ねてきたのです。

　その方々と歩む中で、現実の次元を超えた出会いを経験することもたびたびありました。それは、時空を超越した「魂」の次元、深い意識の底での出会いであり、そこで、その方の未来や今、必要な助言をもたらされることがありました。それもコーリングの世界の一端です。

「魂」という次元を抱いてコーリングの世界へ

しかし、私にとって、何よりも大きな力となったのは、そのお一人お一人が、現実に、呼びかけに応えて、自ら変貌され、新たな人生を切り開いてゆかれたことです。自らの心を転換し、新しい心と新しい人間関係によって、新しい現実を生み出してゆかれたことです。このお一人お一人と共に歩んだ日々なくして、本書が生まれることは決してなかったでしょう。

呼びかけとは、一方的なものではありません。それは、卵から雛がかえるときのように、内なる自らが新しく生まれ出ようとする、まさにそのとき、親鳥が、コツコツと外から殻をつつく啐啄同時の現実――。私たち自身が願いを抱き、それを生きようとしたとき、呼びかけはやってくるのです。それを証すように生きられた方々の姿は、私にますますコーリングの世界を確信させることになりました。

こうして三十有余年、「魂の学」の探求・実践の基には、常に呼びかけに耳を傾ける日々が連なってゆきました。永遠の生命＝魂として今を生きるとはどういうことなのか、人間に不自由を与えるしくみとは何なのか、人間の宿命と使命とはいかなるものなのか、それらの問いかけへの解答が「魂の学」を形づくることになりました。それは、呼びかけ（コーリング）を聴（き）き、それに応える歩みなくしては、決してもたらされることのないものであり、また、その「魂の学」自体が、呼びかけ（コーリング）により深く応えるための道となったのです。

私たちは今、目に見えるものに大きな比重を与えて、見えない次元を軽んじる時代に生きています。グローバリズムは、その傾向に著（いちじる）しく拍車（はくしゃ）をかけました。形あるものや数字に大きな意味が与えられる一方で、見えない心の襞（ひだ）や想いの変化、形のない人間の絆（きずな）、自然のかそけき声などは、ますます退（しりぞ）けられ、顧（かえり）みられなくなりました。

けれども、私たち人間にとって、本質的なものは、常（つね）にそのような見えない次元とともにあるのではないでしょうか。

私たちが、この切なく美しい世界に生まれ落ちてきた、本当の理由（わけ）を生きるために、見えない呼びかけ（コーリング）とともに人生を歩んでゆくことを、心より願ってやみません。

高橋佳子

付録

自己診断チャート——あなたの煩悩のタイプを知り、試練に道を開くために

本書を読み進める中で、自らが陥りやすい魔境から脱出して、「目の前にある試練に、ぜひとも道を開いてゆきたい」と思っていただけたでしょうか。

本書の中でも繰り返し触れたように、その第一歩は、あなたが抱きやすい煩悩のタイプを知ることにあります。あなたの煩悩のタイプを知り、菩提心を育んで、魔境から脱出していったとき、あなたの人生は大きく転換してゆくことでしょう。

自分自身のタイプを摑むための手がかりとして、次の自己診断チャートに取り組んでみてください。まず、左記の項目の中から、自分によく当てはまると思う項目は、□の中にチェック（✓）を入れてください。次に、印がつけられたボックスの数を縦に集計し、一番下の欄に、その合計を記入します。

自己診断チャート

		A	B	C	D
1	人から耳に痛いことを言われ、それが理不尽であると感じると、怒ったり、開き直ったりする癖がある。		□		
2	自分の人生は「それなりのものである」と胸を張れる。	□			
3	何かあると、すぐに落ち込んでしまう。			□	
4	問題がないことが重要であり、無風であることが平和であると思う。				□
5	自分の人生を振り返ると、様々な後悔の想いが湧いてくる。			□	
6	自分がやりたいようにやりたい。	□			
7	父や母に対して許せない想いがある。		□		
8	自分の人生を振り返って、「とりあえず平和な人生だった」と思う。				□
9	自分は「やり手」であると思う。	□			
10	人から「ボーッとしている」と言われることがある。				□
11	すぐに理不尽な気持ち（被害者意識）に襲われる。		□		
12	「人から何か言われるのではないか」といつもびくびくしている。			□	
13	「自分は温厚な性格である」と思っている。				□
14	失敗することが怖いので、逃げてしまうことが多い。			□	
15	自分の立場が上がったり、世間に認められたりすることに、強い手応えと充実を感じてきた。	□			
16	「どうせ人間には表と裏がある」という気持ちが強い。		□		
17	人から「怖い」とよく言われる。		□		
18	「自分にさせてくれればもっとできるのに」とよく思う。	□			
19	「一生懸命ならば、できなくても仕方がない」と思う。			□	
20	人から嫌われることが嫌なので、率直に意見することができない。				□
21	人に負けるのは絶対に嫌である。	□			
22	人生を振り返ってどうしても許せない人がいる。		□		
23	いつも自分を守ってくれる人がいた。				□
24	「自分はどうしようもない」と自己否定してしまう。			□	
25	「どうせできない。自分なんか」と、最初からあきらめてしまうことが多い。			□	
26	何かを実現することよりも、皆が「和気あいあいとして楽しいこと」が重要である。				□
27	歴史上の人物（英雄、天才、奇才……）にあこがれる。	□			
28	「怒り」がたやすく態度に現れてしまう。		□		
29	いつも自分中心でないと気持ちが悪い。	□			
30	「屈しないことが強いことである」と思う。		□		
31	「自分はそれほど物事に強くとらわれない」と思っている。				□
32	「迷惑をかけるくらいなら、何もしない方がましである」と思う。			□	
	計				

最後に、その結果を次頁の集計シートに書き入れます。7点〜8点には◎、5点〜6点には○、3点〜4点には△、2点以下は空白としてください。

点数が高くなるにつれて、その傾向が顕著であると考えられます。○は強い傾向、◎はより強い傾向と受けとめる必要があります。あなたには、どのような心の傾向が強く現れているでしょうか。

---

http://jsindan.net/

なお、携帯電話を使用して取り組むこともできます。
上記のＵＲＬに直接アクセスしていただくか、
ＱＲコードを読み取ってアクセスしてください。

自己診断チャート集計シート

A	快・暴流	
B	苦・暴流	
C	苦・衰退	
D	快・衰退	

7〜8点…◎
5〜6点…○
3〜4点…△
0〜2点…空白

◎本書の内容をさらに深く知りたい方へ

本書『Calling（コーリング）　試練は呼びかける』の内容をさらに深く理解したいと思われる方には、高橋佳子氏が提唱する「魂の学」を学び実践する場として、GLAがあります。詳しくは下記までご連絡ください。

GLA（ジーエルエー） (God Light Association)
〒111-0034 東京都台東区雷門2-2-6　Tel.03-3843-7941
http://www.gla.or.jp/

また、高橋佳子氏の講演会が、毎年、全国各地で開催されています。詳しい開催概要等につきましては、下記の連絡先までお問い合わせください。

高橋佳子講演会実行委員会
お問い合わせ専用ダイヤル　Tel.03-5828-1587
http://www.keikotakahashi-lecture.jp/

著者プロフィール

高橋佳子（たかはし けいこ）

1956年、東京生まれ。
幼少の頃より、人間は肉体だけではなく、目に見えないもう一人の自分——魂から成る存在であることを体験し、「人は何のために生まれてきたのか」「本当の生き方とはどのようなものか」という疑問探求へと誘われる。『心の原点』『人間・釈迦』などの著書で知られる父・高橋信次氏とともに真理（神理）を求める歩みを重ねた後、多くの人々との深い人間的な出会いを通じて、新たな人間観、世界観を「魂の学」——TL（トータルライフ）人間学として集成する。現在、精力的に執筆・講演活動を展開するかたわら、TL経営研修機構、TL医療研究会、TL教育研究会などで様々な分野の専門家の指導にあたる。また、GLAでは、青少年から熟年層まであらゆる世代の人々に向けて数々の講義やセミナーを実施する一方で、「魂の学」に基づく対話を続けている。1992年より全国各地で開催している講演会には、これまでに延べ48万人が参加。主な著書に『人間の絆（全3巻）』（祥伝社）、『12の菩提心』『運命の方程式を解く本』『新・祈りのみち』『あなたが生まれてきた理由』をはじめ、教育実践の書『レボリューション』『心のマジカルパワー』などがある（いずれも三宝出版）。

Calling（コーリング） 試練は呼びかける

2009年10月24日 初版第一刷発行

著　者　高橋佳子
発行者　高橋一栄
発行所　三宝出版株式会社
〒130-0001 東京都墨田区吾妻橋1-17-4
電話 03-3829-1020　http://www.sampoh.co.jp/
印刷所　株式会社アクティブ
装　幀　N.G.INC.
写　真　KEI OGATA

ISBN978-4-87928-057-2